Auf einen Blick

Alles, was Sie sich nicht merken konnten, verdammt gern wissen würden oder niemals lernen wollten

Draught Associates

KNESEBECK

Inhalt: Das Auge Gesichtsproportionen S
Flugzeug fliegt Papierflieger Flughöhen W
Krawattenknoten Strickmaschen Essstäbche
Lungen Herz Blutkreislauf Meeresströmun
Kiemenatmung Kraulschwimmen Snowboarde
Sportbälle Planeten Sternbilder Raumfahr
Erde Mars Teleskope Spiegelreflexkamera
Skelett Muskeln Die schnellsten Tiere Die
Erfindungen des 19. Jahrhunderts Malere
Weinbaugebiete Frankreichs Weinbaugebiete
Pfannkuchen Zähne Schlachtteile Lamm Schla
Selbstverteidigung Bandagen Windeln Papi
Wolken Regenbogenfarben Lichtgeschwindigk
Wildspuren Dinosaurier Science-Fiction-Gesta
Diamanten Kohlenstoff Erdgeschichte Tekt
Gehirn Nervensystem Flüsse Südamerikas
Architektur Antikes Pantheon Satz des P
Zeitzonen Einmaleins Klassisches Gedeck
Zaubertrick Fadenspiel Gitarrenakkorde Kl

s Internationale Buchstabiertafel Wie ein
ralphabet Flaggen Forschungsreisen Knoten
eichensprache Schattenfiguren Luftballontiere
Meerestiefen Tauchtiefen U-Boot Blauwal
kifahren Mehrkämpfe Sportgriffe Sportplätze
Raumfahrzeuge Science-Fiction-Raumfahrzeuge
osynthese Blätter Bäume Holzverbindungen
nellsten Fortbewegungsmittel Automobiltechnik
es 19. Jahrhunderts Farbenlehre Cocktails
ens Geschmackssinn Ausgewogene Ernährung
ile Rind Verdauungssystem Heimlich-Handgriff
hiffchen Luftkissenfahrzeug Windkraftanlage
Schallgeschwindigkeit Reflexpunkte Foxtrott
Krabbeltiere Beatles und Rolling Stones
che Platten Vulkan Haar Frisuren Hüte
erkreislauf Berge Gebäude Gotik Klassische
goras Kreisformeln Maßeinheiten Flugzeiten
ach Heinrich VIII. Pokerhands Münzgeld
rakkorde Lärm Urknall Dank Impressum

Das Auge

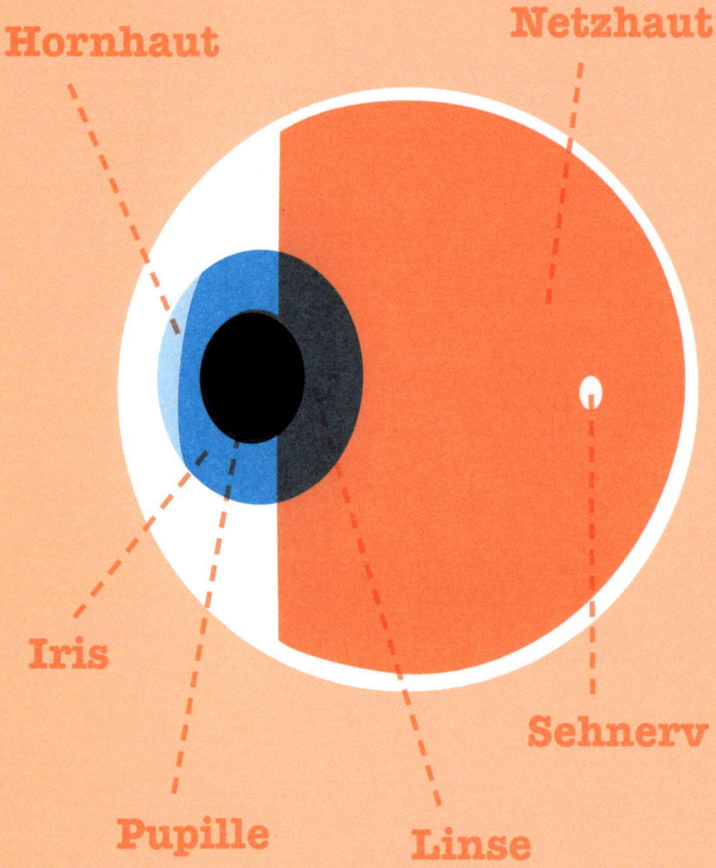

Gesichtsproportionen

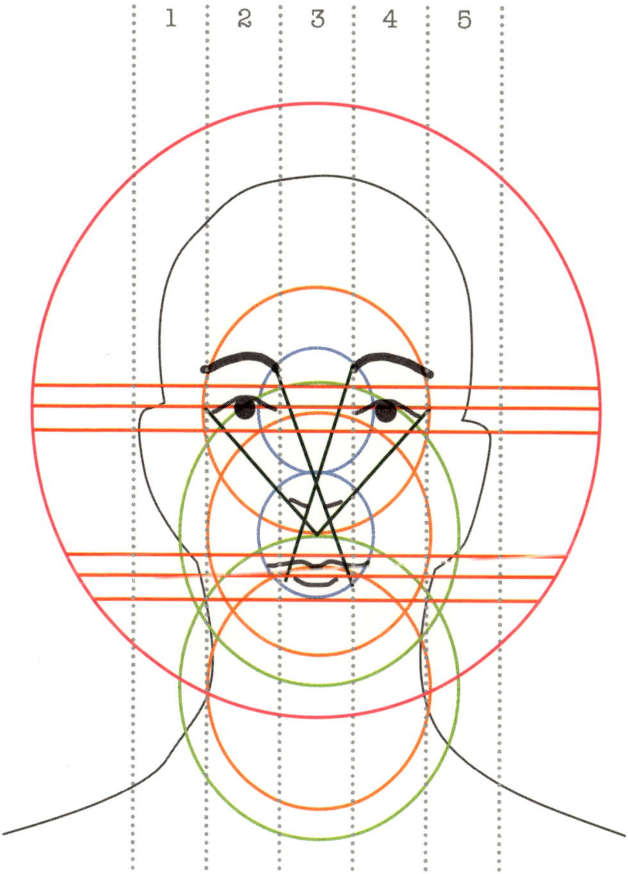

Smilys

:-)	8-)	:-[
;-)	B:-)	:-E
:-(	:!-)	:-F
:-I	B-)	:-7
:->	8:-)	:-*
>;->	:-)-8	:-)~
(-:	:-{)	:'-(
%-)	:-{	:'-)
:*)	{:-)	:-@
[:]	}:-(	:-#

Internationale Buchstabiertafel

A	Alpha
B	Bravo
C	Charlie
D	Delta
E	Echo
F	Foxtrot
G	Golf
H	Hotel
I	India
J	Juliet
K	Kilo
L	Lima
M	Mike
N	November
O	Oscar
P	Papa
Q	Quebec
R	Romeo
S	Sierra
T	Tango
U	Uniform
V	Victor
W	Whiskey
X	X-ray
Y	Yankee
Z	Zulu

Wie ein Flugzeug fliegt

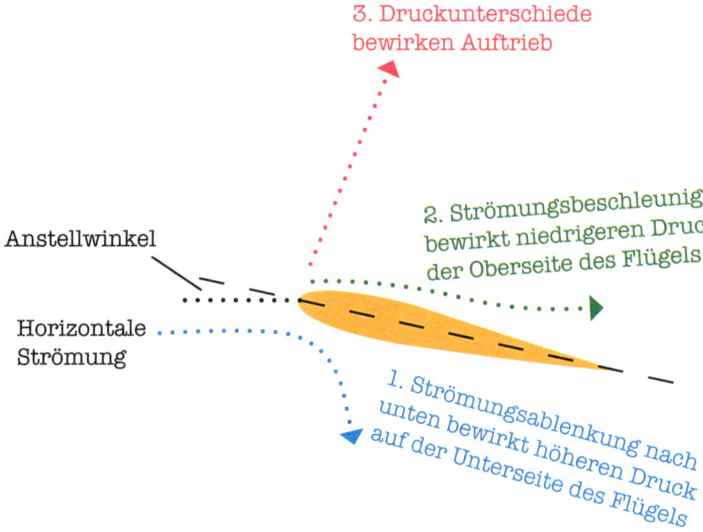

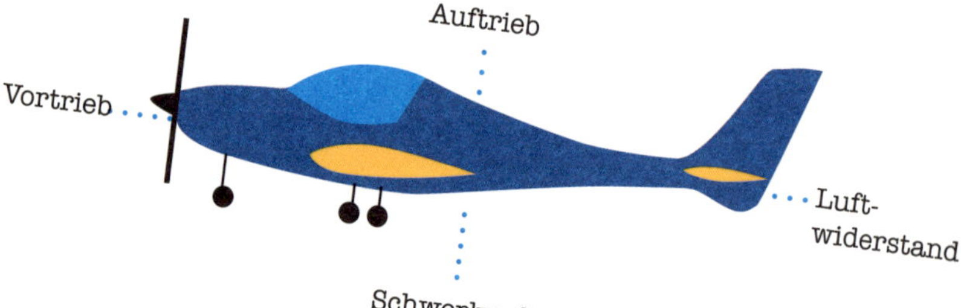

Papier-
flieger

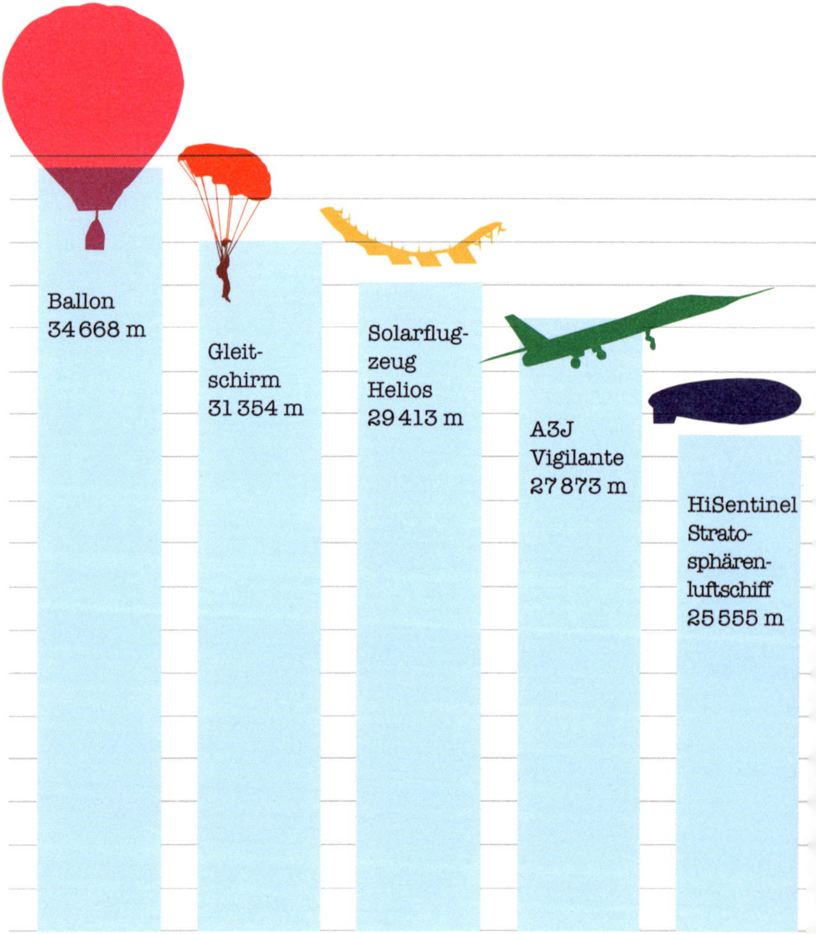
Ballon
34 668 m
Gleit-
schirm
31 354 m
Solarflug-
zeug
Helios
29 413 m
A3J
Vigilante
27 873 m
HiSentinel
Strato-
sphären-
luftschiff
25 555 m

Flughöhen

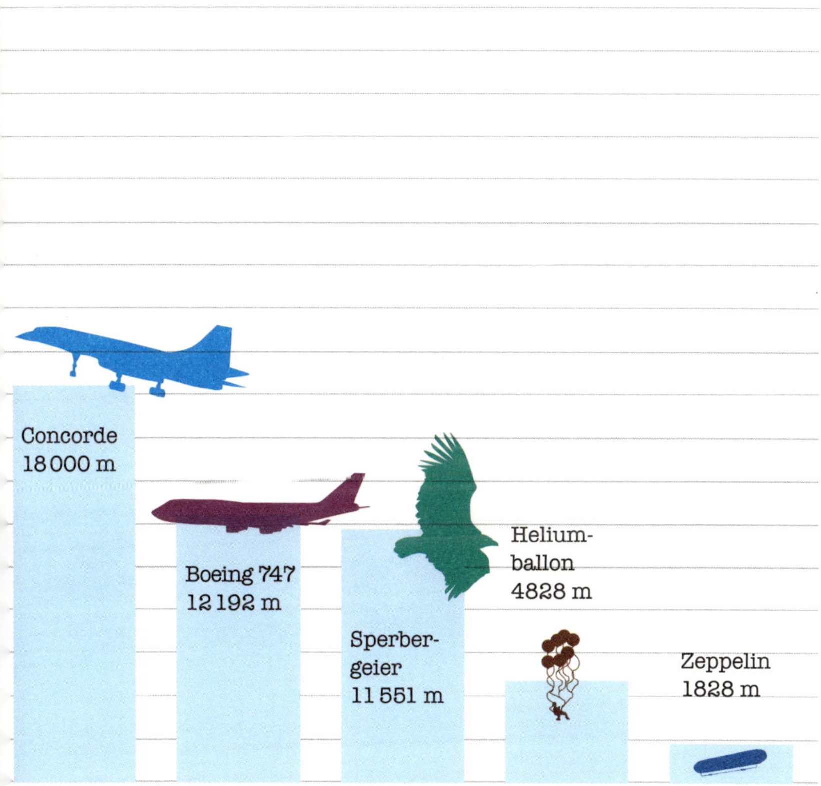

Concorde
18 000 m
Boeing 747
12 192 m
Sperber-
geier
11 551 m
Helium-
ballon
4828 m
Zeppelin
1828 m

Winkeralphabet

A

B

C

G

H

I

M

N

O

S

T

U

Y

Z

D

E

F

J

K

L

P

Q

R

V

W

X

FEHLER

UNTERBRECHUNG

Neu-
kaledonien
La Réunion
Tromelin
St.- Pierre
& Miquelon
Wallis &
Futuna
Mayotte
Martinique
Französisch
Guayana
Guadeloupe
Frankreich
TAAF
Kroatien
Thailand
Niederlande
Paraguay
Serbien
Costa Rica
Krim
Mordwinien
Dominikan.
Republik
Niederländ.
Antillen
Färöer
Åland
Island
Schweden
Norwegen
Finnland
Shetland-
inseln
Dänemark
Malteser-
orden
Schweiz
Tonga
Georgien
England
Guernsey
Nordirland
Sark
Bahamas
Vanuatu
São Tomé &
Principe
Jordanien
Palästina
Kuwait
Sudan
Südafrika
Philippinen
Tschech.
Republik
Äquatorial-
Guinea
Bahamas
Tuwa
Mosambik
Westsahara
Komoren
Dschibuti
Osttimor
Zimbabwe
Kuba
Puerto Rico
Chile
Liberia
Wake
USA
Midway-
inseln
Malaysia
Türkei
Nordzypern
Tunesien
Singapur
Anjouan
Kapverdi-
sche Inseln
Malediven
Algerien
Maure-
tanien
Pakistan
Usbekistan
Turkmenis-
tan
Aserbai-
dschan
Zentralafri-
kanische
Republik
Marokko
China

Vietnam, Kamerun, Togo, Somaliland, Senegal, Burkina Faso, Guinea Bissau, Ghana

Surinam, Adygeja, Dem. Rep. Kongo, Panama, Nordkorea, Somalia, Syrien, Jemen

Irak, Ägypten, Montenegro, Udmurtien, Kanada, Malta, Dubai, Tahiti

Österreich, Französ. Polynesien, Monaco, Indonesien, Polen, Grönland, Japan, Bangladesch

Südkorea, Palau, Karibische Gemeinschaft, Kalmückien, Kanaky, Laos, Sacha, Jakutien

Botswana, Argentinien, Altay, Honduras, San Marino, Mikronesien, Israel, Uruguay

Seborga, Griechenland, Guatemala, Ciskei, Solomonen, Bosnien-Herzegowina, Namibia, Bophuthatswana

St. Kitts & Nevis, Lesotho, Trinidad & Tobago, Tansania, Brunei, Weihnachtsinsel, Grenada, Jamaika

Burundi, Schottland, Jersey, Vereinigtes Königreich, Australien, Heard & McDonald-Inseln, Kokosinseln, Neuseeland

Cook-Inseln, Montserrat, Anguilla, St. Helena, Falkland-Inseln, Cayman-Inseln, Britische Jungferninseln, Tuvalu

Fidschi
Niue
Bermuda
Myanmar
Taiwan
Samoa
Abchasien
Itschkeria
Tsche-tschenien
Ingusche-tien
Iran
Tadschikis-tan
Bulgarien
Tatarstan
Ungarn
Madagaskar
Italien
Mexiko
Nigeria
Norfolk-Insel
Saudi-Arabien
Libyen
Ostafrikani-sche Gemein-schaft
Gabun
St. Christopher
St. Vincent & Grenadinen
Ukraine
Ruanda
Aruba
Kanarische Inseln
Barbados
Madeira
Rumänien
Andorra
Moldawien
Tschad
Ecuador
Kolumbien
Venezuela
Mauritius
Seychellen
Marshall-Inseln
Nauru
Mazedonien
Lebowa
Malawi
Antigua & Barbuda
Kirgisistan
Kasachstan
Kiribati
US-Jung-ferninseln
Papua-Neuguinea
Amerika-nisch Samoa
Dominica
Sambia
Albanien
Uganda
Belgien
Deutsch-land
Afghanistan
Mali
Guinea
Litauen
Bolivien
Äthiopien
Guyana
Republik Kongo
Dahomey
Benin
Venda
Verein. Arabische Emirate
Chakassien
Transvaal
Oman
KwaZulu
Swasiland
Kenia
Slowakei
Portugal
Peru

Slowenien
Kabardino-Balkarien
Nicaragua
El Salvador
Eritrea
Tschuwa-schien
Libanon
Haiti
Guam
Hongkong
Macao
Nördl. Marianen
Belize
Russische Föderation
Luxemburg
Gagausien
Mari El
Mongolei
Liechten-stein
Vatikan-stadt
Bahrain
Katar
Lettland
Transkei
Indien
Niger
Irland
Elfenbein-küste
Owaqua
Wales
Bhutan
Sri Lanka
Spanien
Nord-ossetien
Alanien
Burjatien
Angola
Torres-Strait-Inseln
Gambia
Karelien
Dagestan
Komi
Sierra Leone
Gazankulu
Estland
Kambod-scha
Gibraltar
Jammu & Kaschmir
Weiß-russland
Trans-Dnjestr
Armenien
Berg-karabach
Brasilien
Sápmi
Antarktika
Zypern
St. Lucia
Nepal
Europäi-sche Union
ASEAN
Afrikani-sche Union

Forschungsreisen

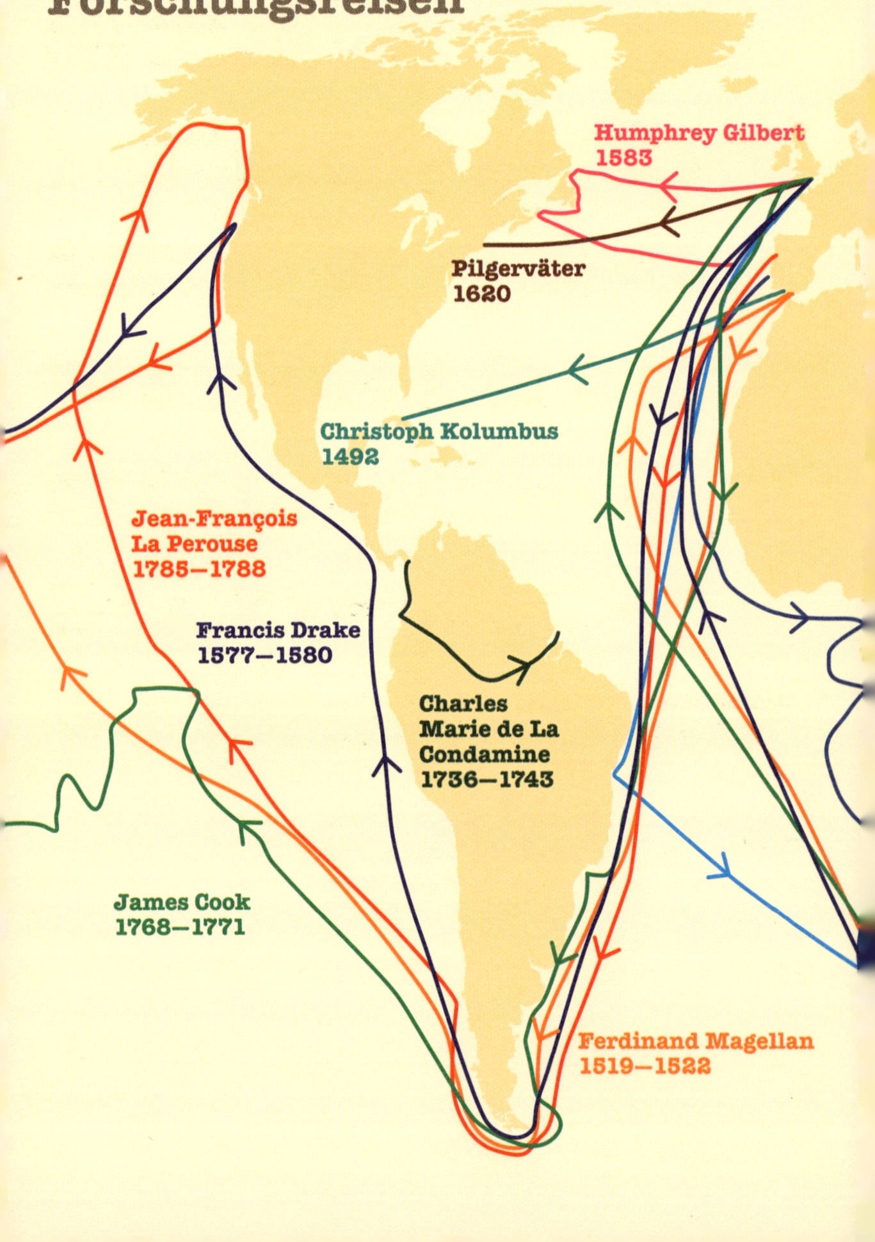

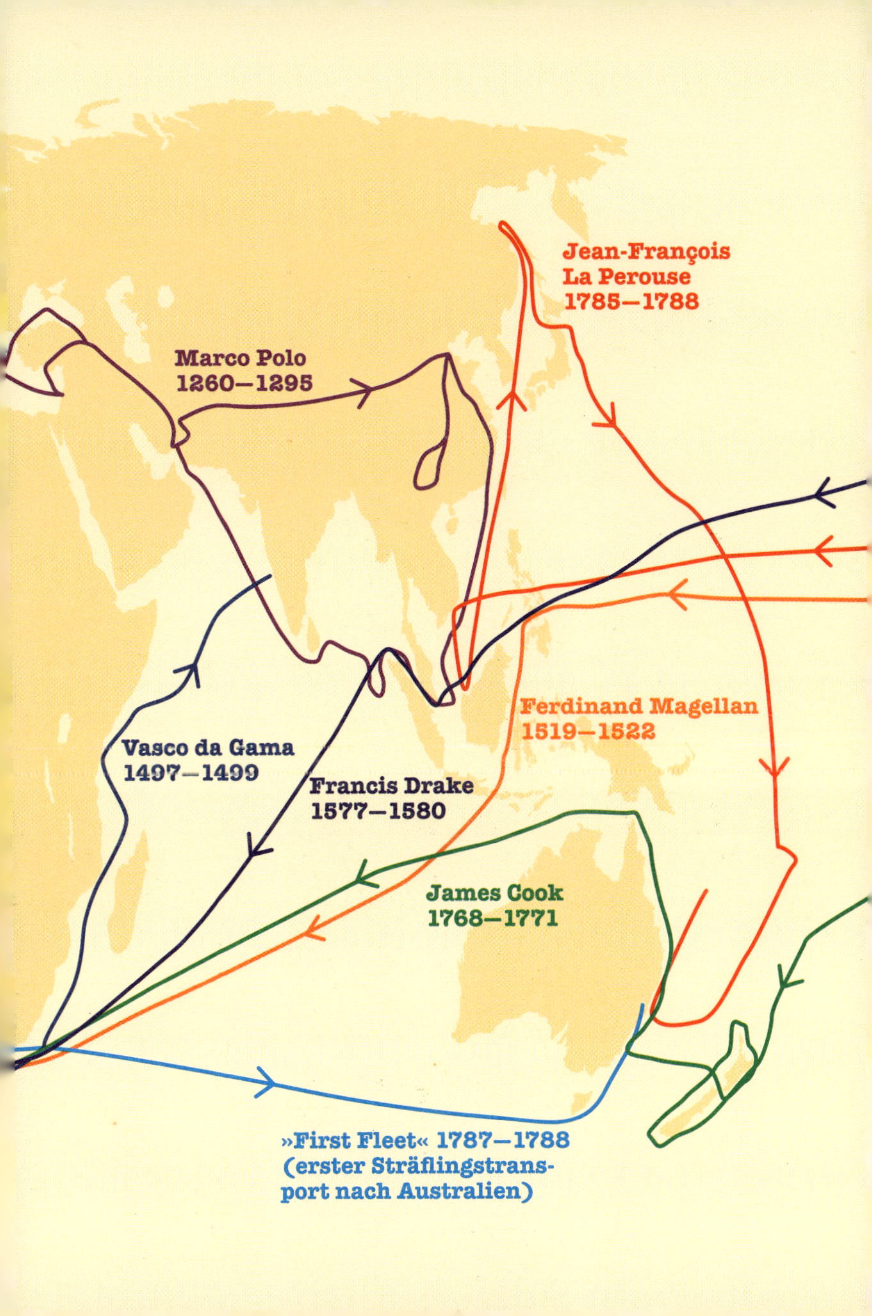
Jean-François
La Perouse
1785–1788
Marco Polo
1260–1295
Ferdinand Magellan
1519–1522
Vasco da Gama
1497–1499
Francis Drake
1577–1580
James Cook
1768–1771
»First Fleet« 1787–1788
(erster Sträflingstransport nach Australien)

Knoten

Pahlstek

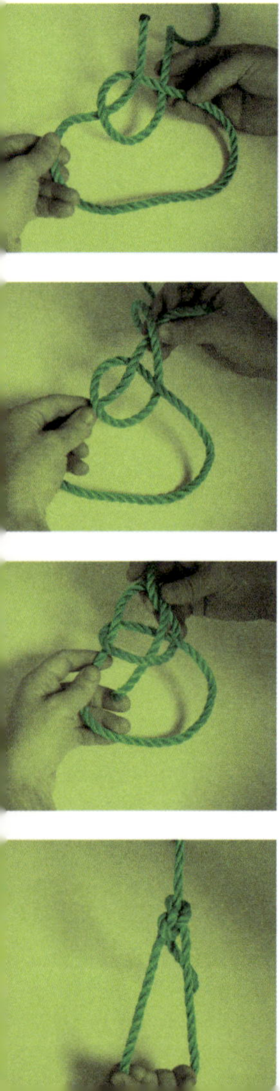

Achtknoten

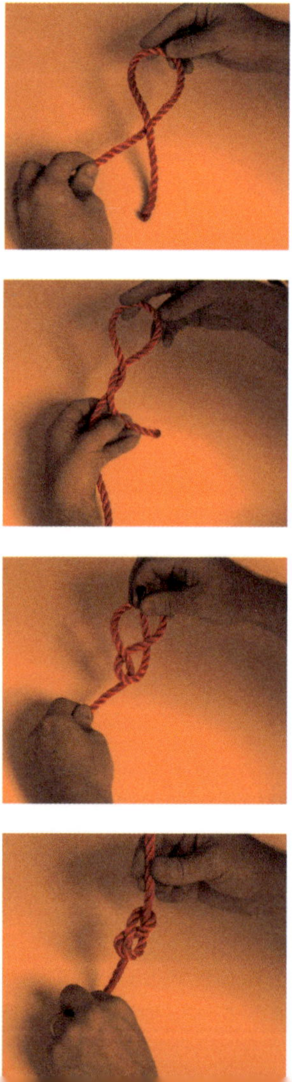

Schotstek

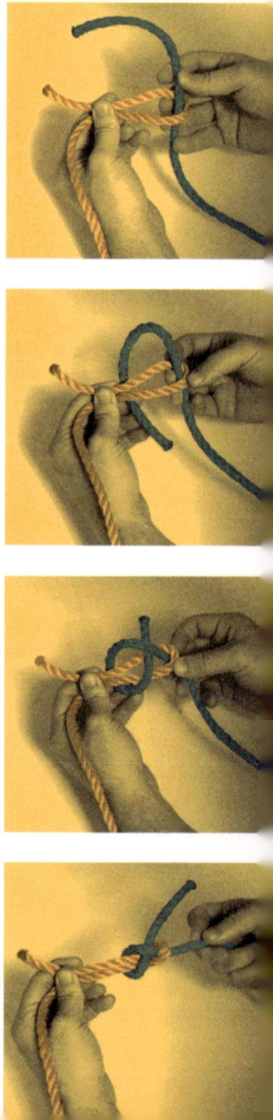

Trossenstek

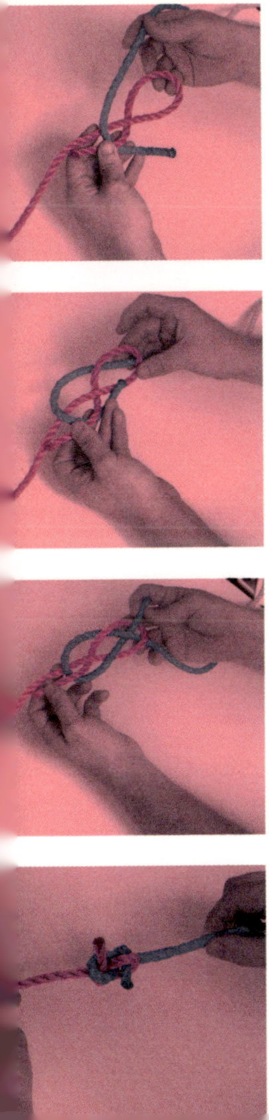

Weberknoten

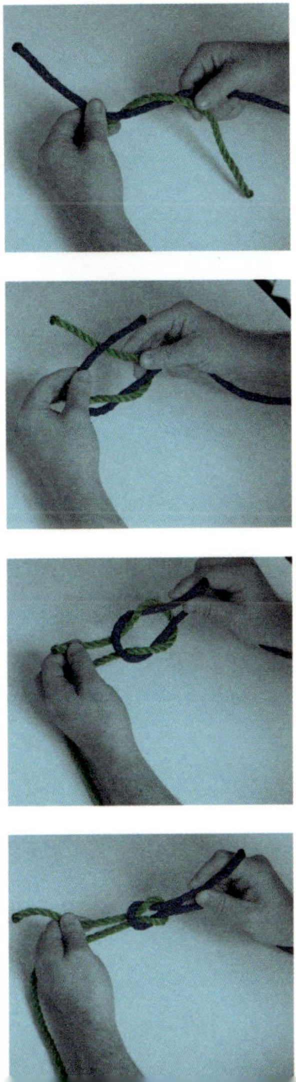

Zwei Windungen, doppelter Überhandknoten

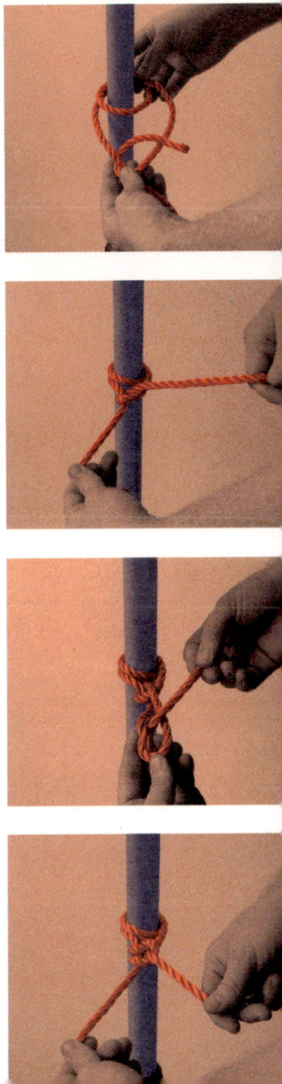

Krawattenknoten

Einfacher Krawattenknoten

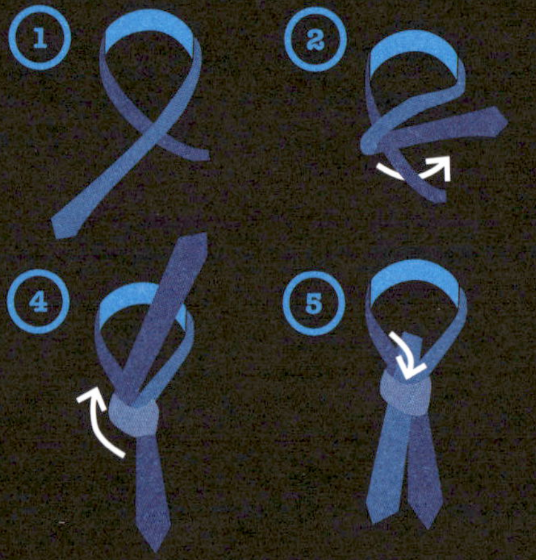

Windsor

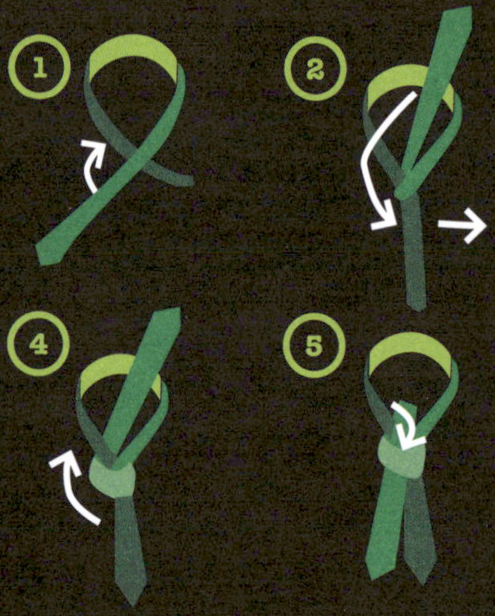

Halber Windsor

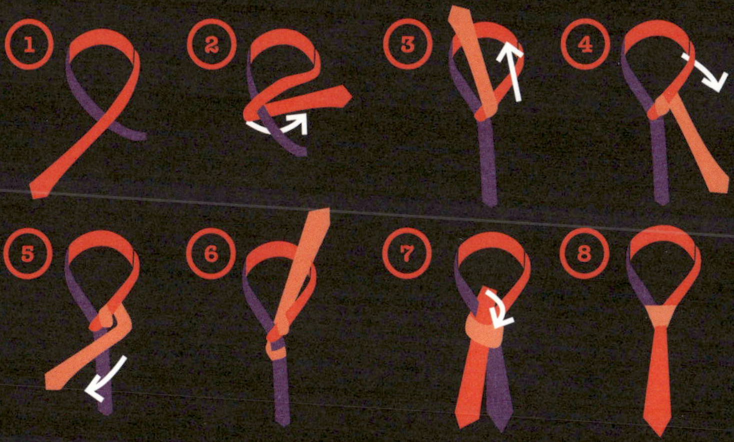

Fliege

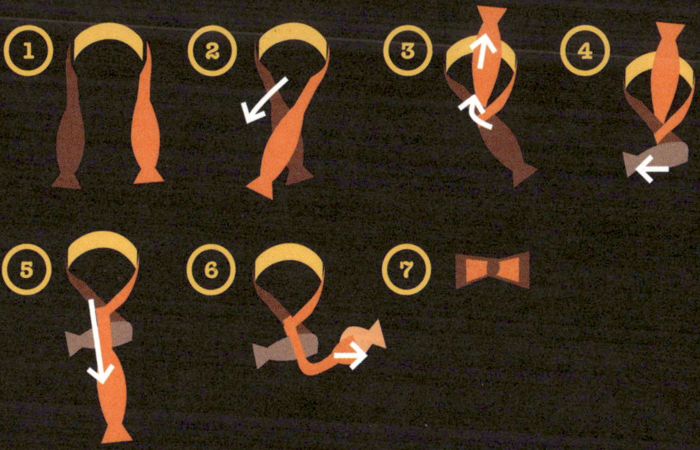

Strickmaschen

Maschenanschlag

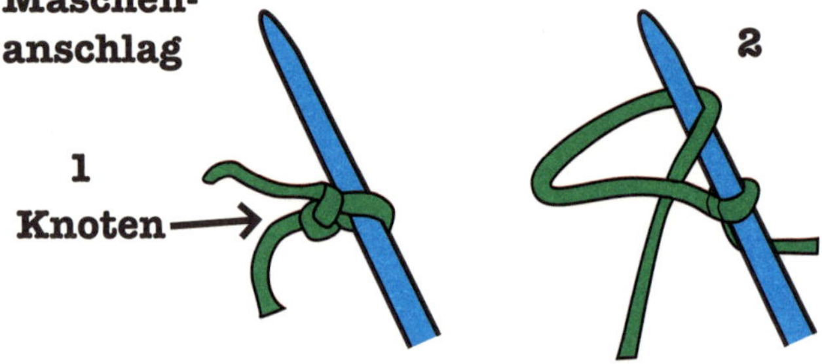

Rechte Maschen

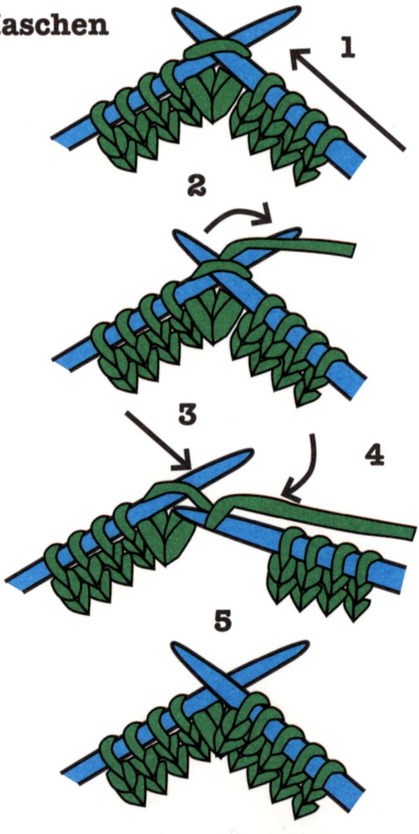

Essstäbchen

Einhand-Fingeralphabet
(USA, international)

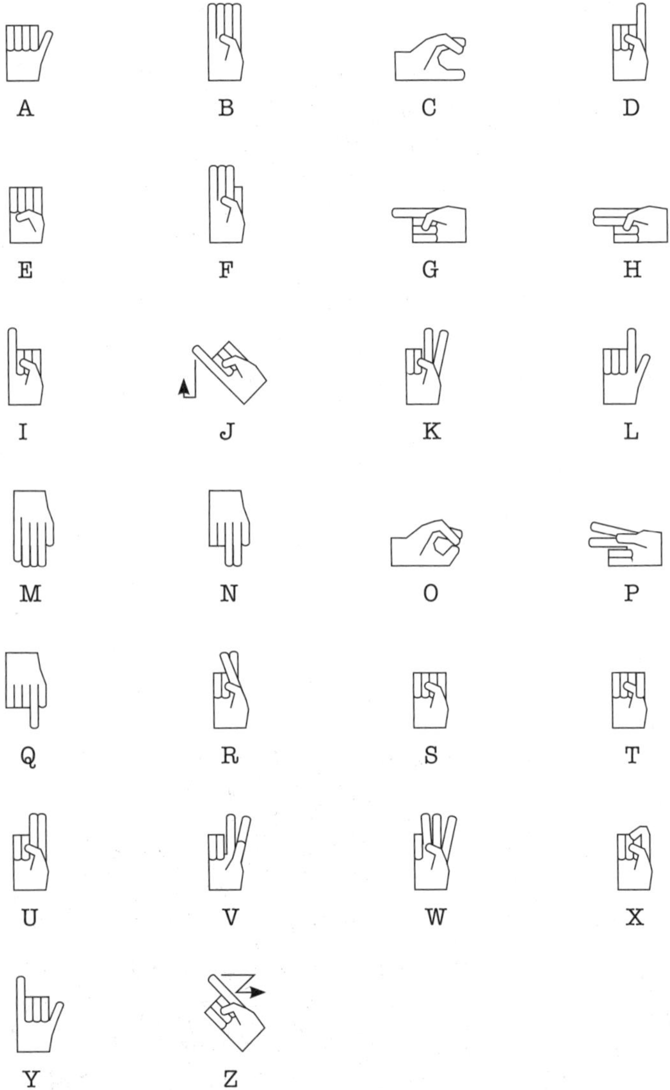

Zweihand-Fingeralphabet
(Großbritannien)

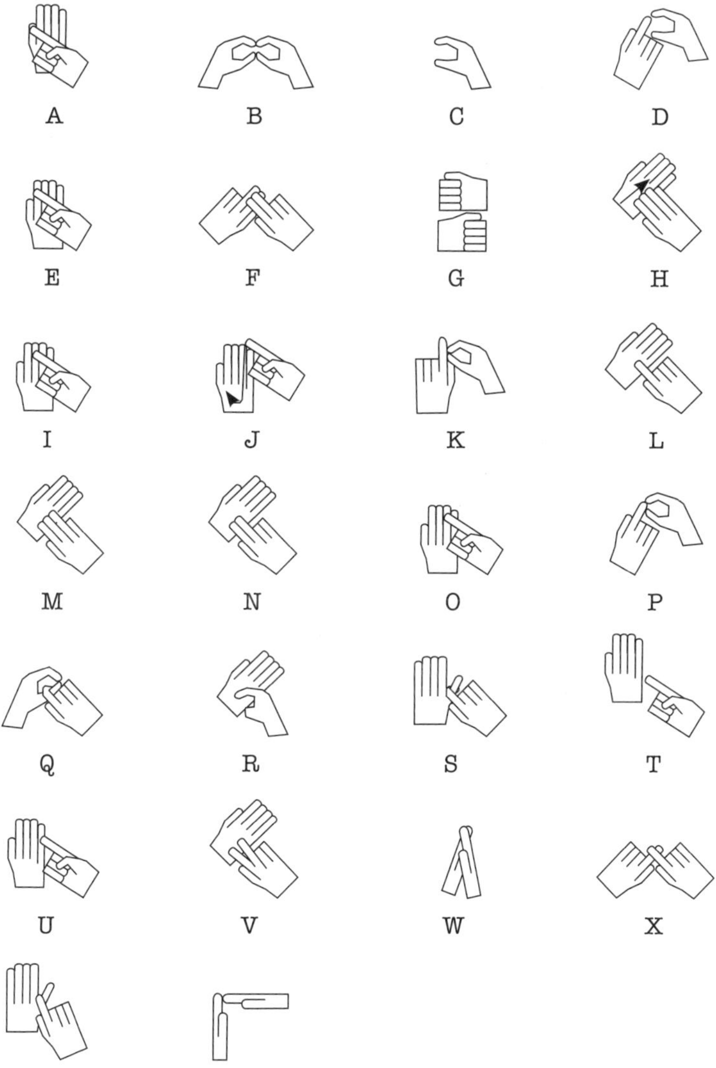

Schattenfiguren

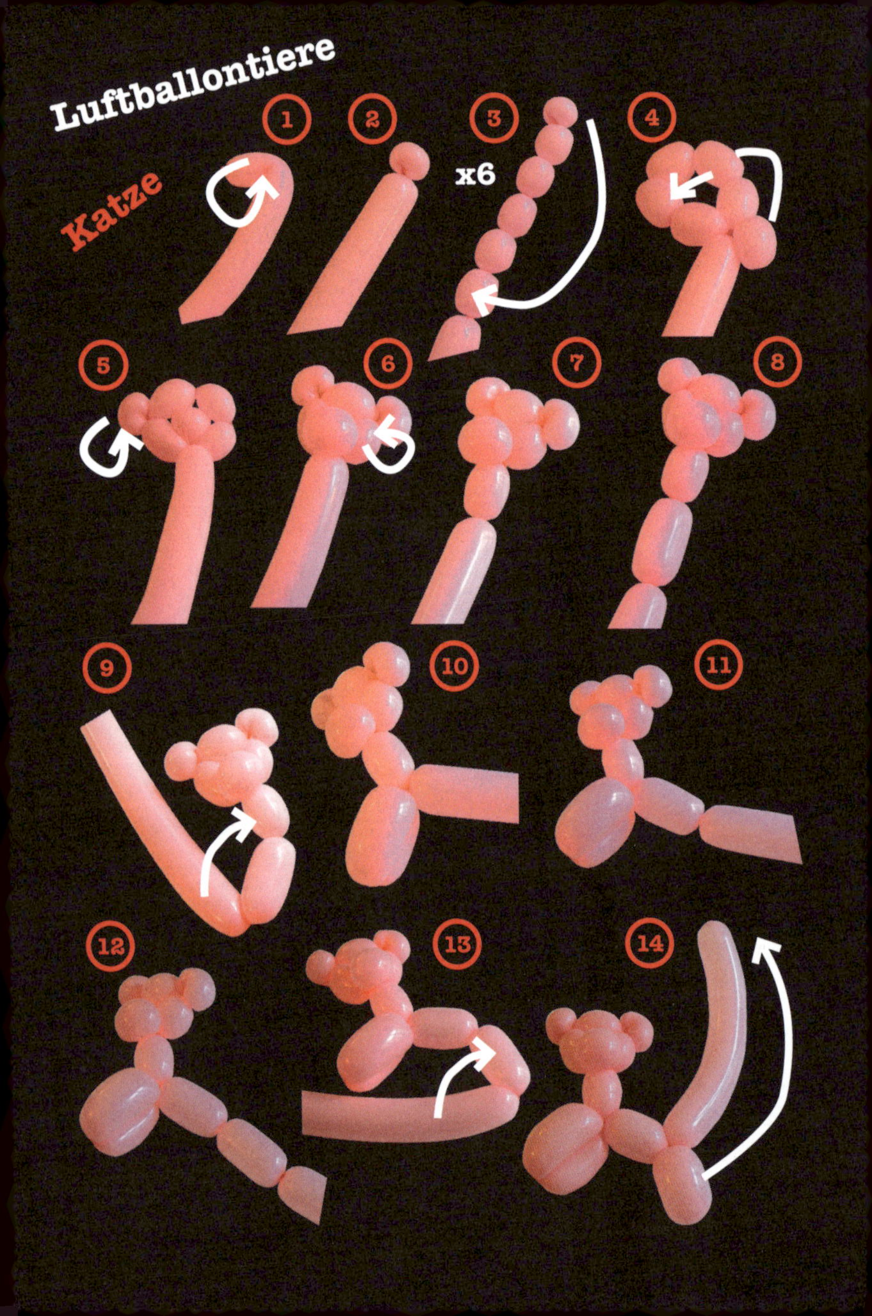
Luftballontiere
Katze
1
2
3
x6
4
5
6
7
8
9
10
11
12
13
14

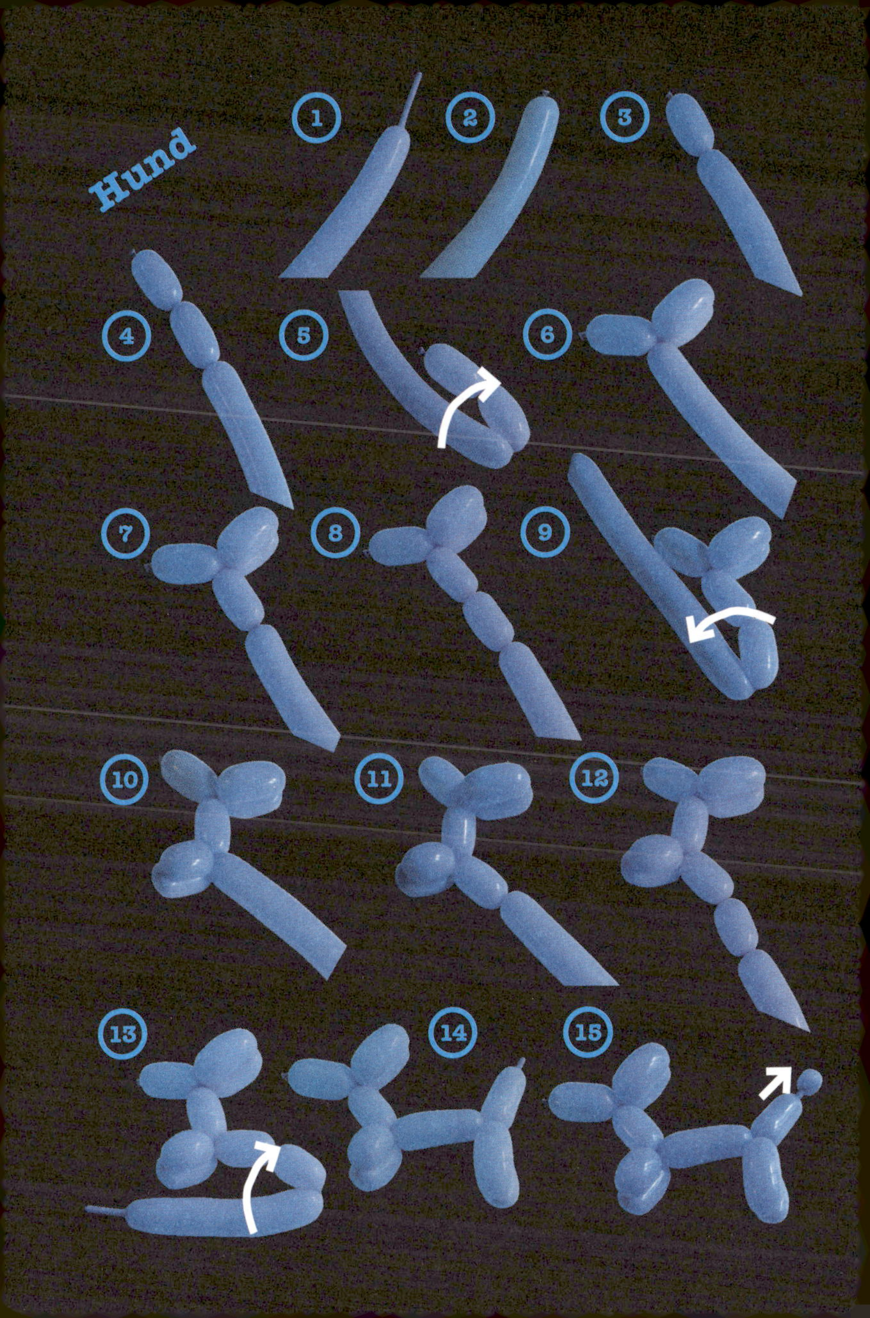
Hund
1
2
3
4
5
6
7
8
9
10
11
12
13
14
15

Lungen

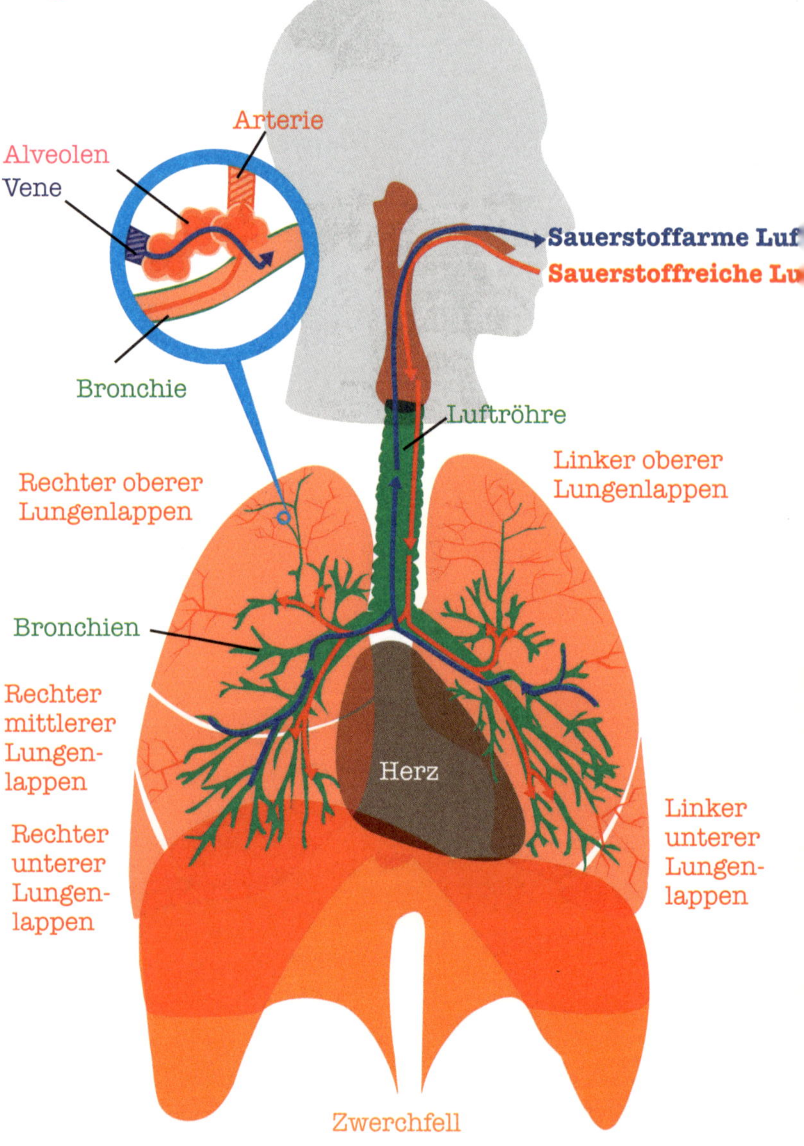
Arterie
Alveolen
Vene
Sauerstoffarme Luf
Sauerstoffreiche Lu
Bronchie
Luftröhre
Rechter oberer Lungenlappen
Linker oberer Lungenlappen
Bronchien
Rechter mittlerer Lungen-lappen
Herz
Linker unterer Lungen-lappen
Rechter unterer Lungen-lappen
Zwerchfell

Herz

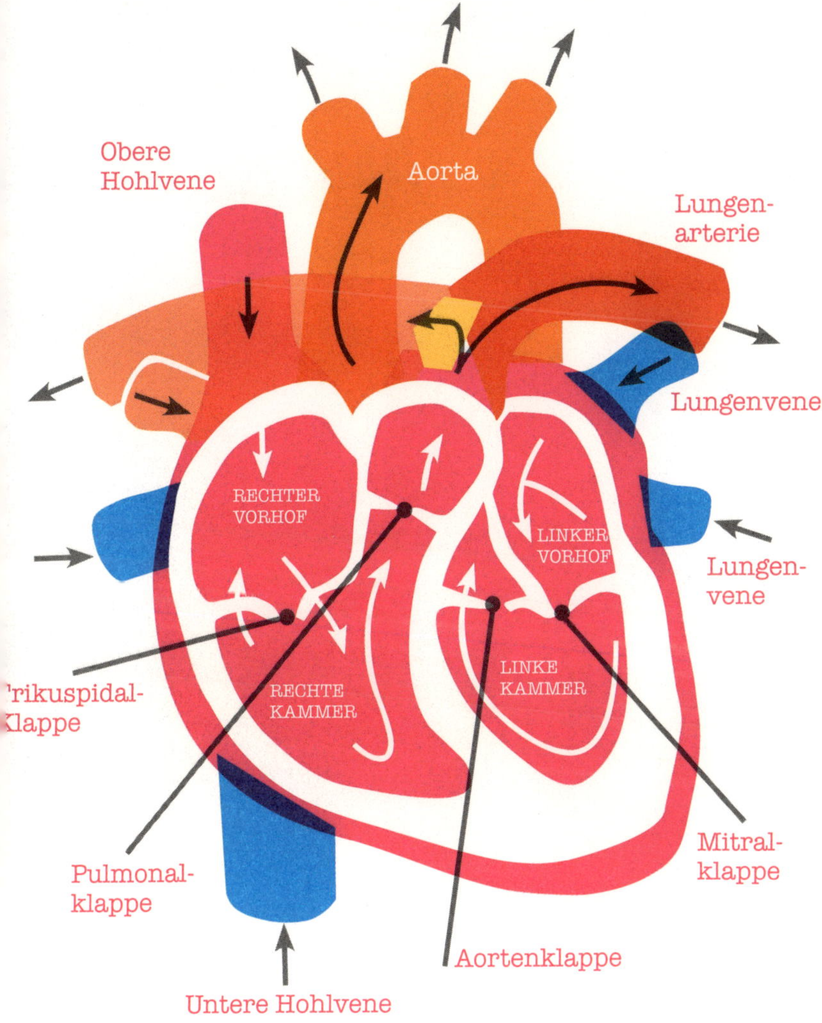
Aorta
Obere Hohlvene
Lungenarterie
Lungenvene
RECHTER VORHOF
LINKER VORHOF
Lungenvene
RECHTE KAMMER
LINKE KAMMER
rikuspidal-klappe
Mitralklappe
Pulmonalklappe
Aortenklappe
Untere Hohlvene

Blutkreislauf

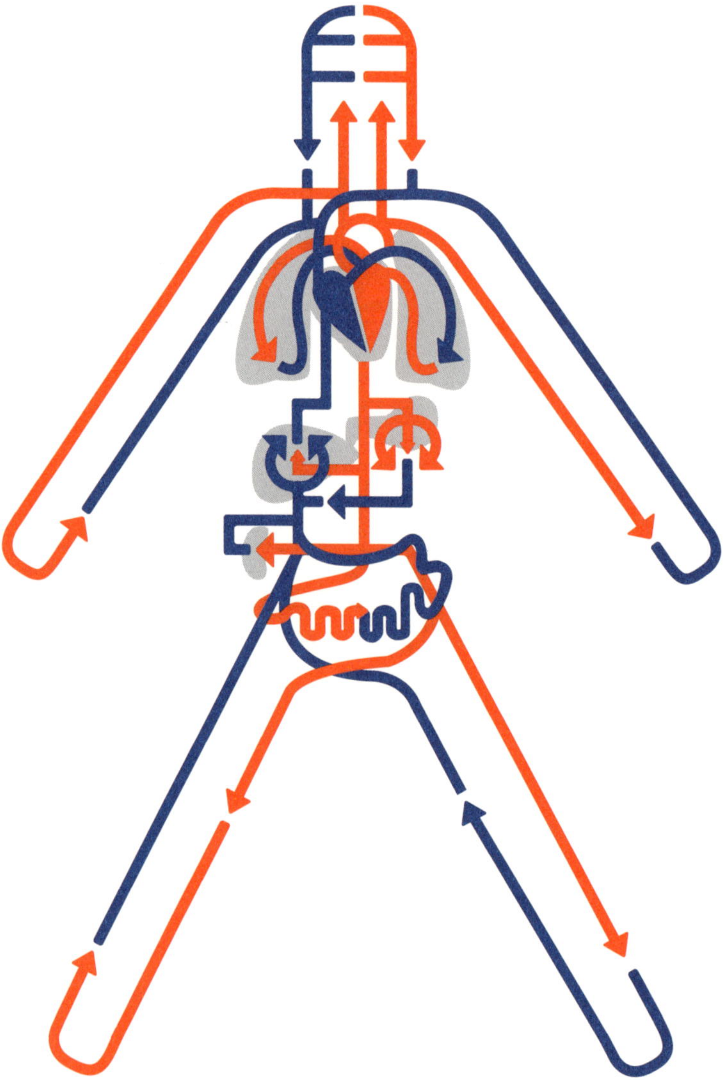

Meeresströmungen

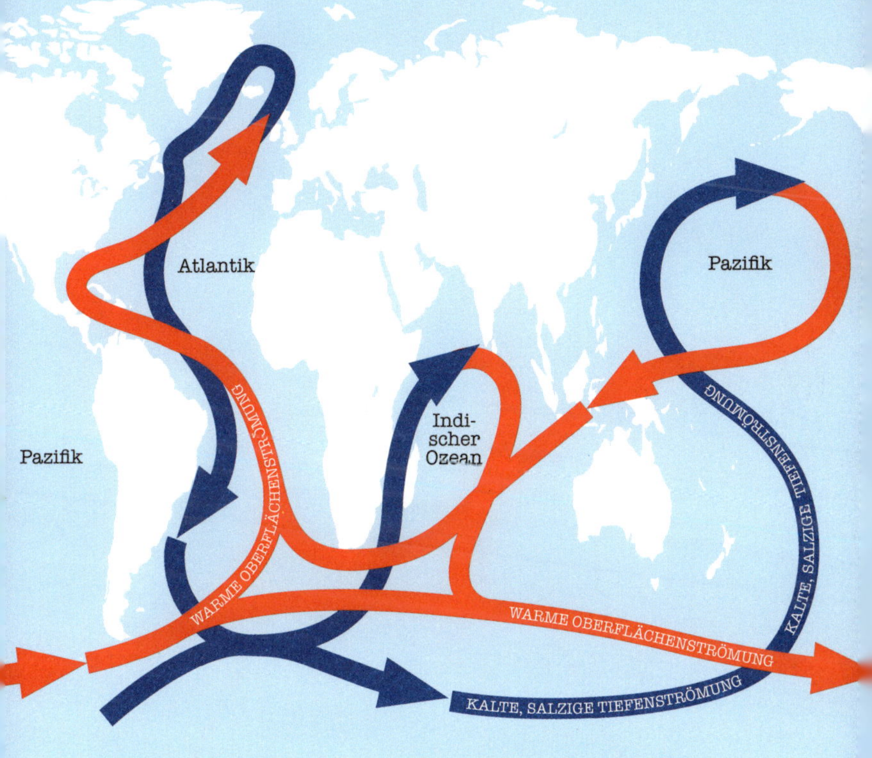

- Nordsee
  660 m

- Golf von Kalifornien
  2590 m

- Golf von Mexiko
  3787 m

- Mittelmeer
  5121 m

- Europäisches Nordmeer
  5220 m

- Karibisches Meer
  6946m

- Südsee
  7235 m

- Atlantik
  9219 m

Meeres

- Pazifik
  11 034 m

- Rotes Meer
  2211 m
- Schwarzes Meer
  2245 m
- Ostchinesisches Meer
  2782 m
- Andamanensee
  3777 m
- Ochotskisches Meer
  3658 m
- Japanisches Meer
  3742 m
- Beringsee
  4773 m
- Südchinesisches Meer
  5016 m
- Indischer Ozean
  7450 m

tiefen

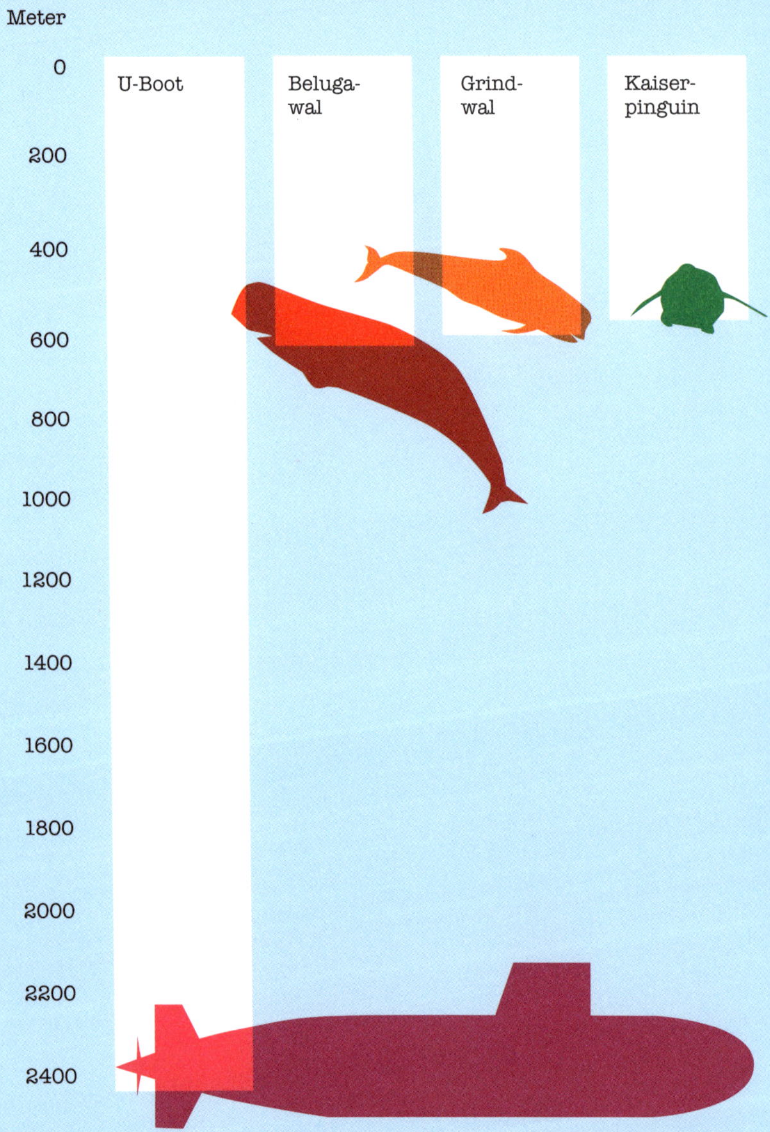
Meter
0
200
400
600
800
1000
1200
1400
1600
1800
2000
2200
2400
U-Boot
Beluga-
wal
Grind-
wal
Kaiser-
pinguin

Meter
0
200
400
600
800
1000
1200
1400
1600
1800
2000
2200
2400
Geräte-
taucher
Großer
Tümmler
Finnwal
Freitaucher
Tauchtiefen

U-Boot

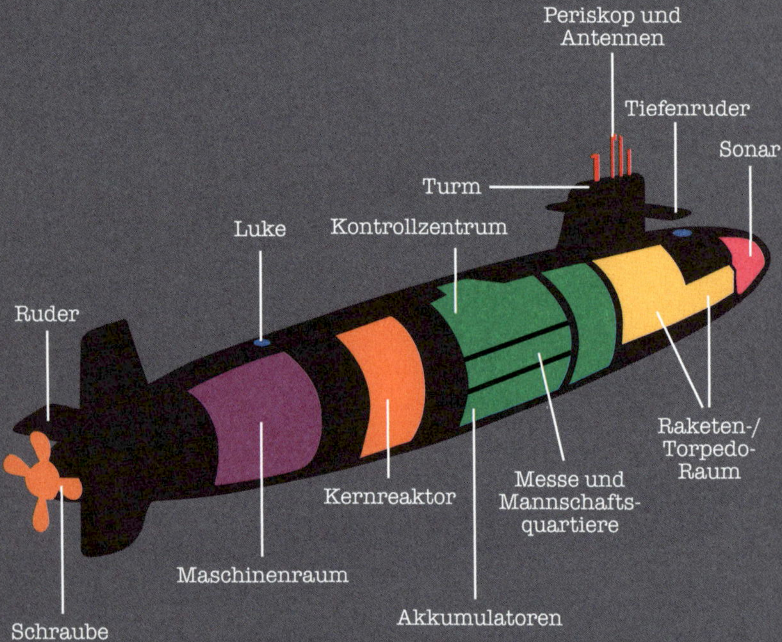
Periskop und Antennen
Tiefenruder
Sonar
Turm
Luke
Kontrollzentrum
Ruder
Raketen-/ Torpedo-Raum
Messe und Mannschafts-quartiere
Kernreaktor
Maschinenraum
Akkumulatoren
Schraube

Blauwal

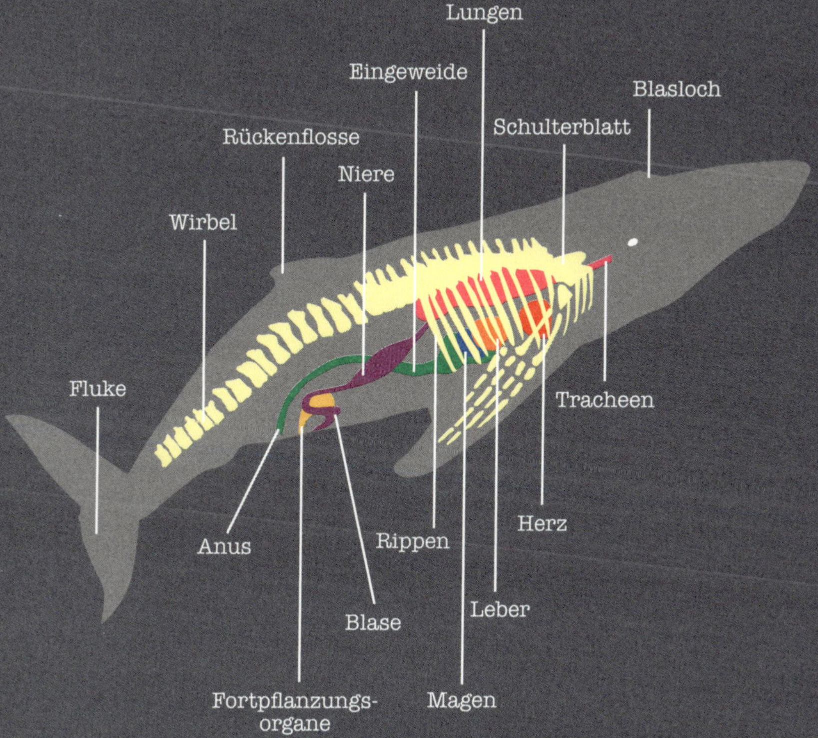
Lungen
Eingeweide
Blasloch
Schulterblatt
Rückenflosse
Niere
Wirbel
Fluke
Tracheen
Herz
Anus
Rippen
Leber
Blase
Magen
Fortpflanzungs-
organe

Kiemenatmung

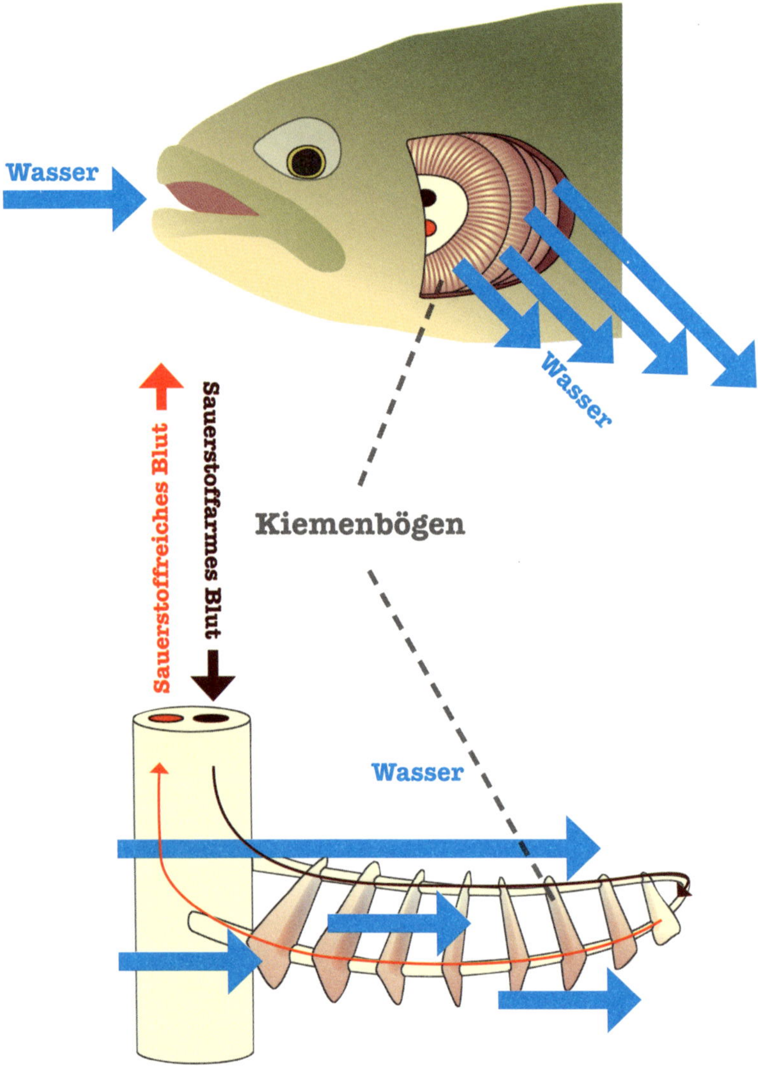

Kraulschwimmen

Snowboarden

Kurventechnik durch Gewichtsverlagerung

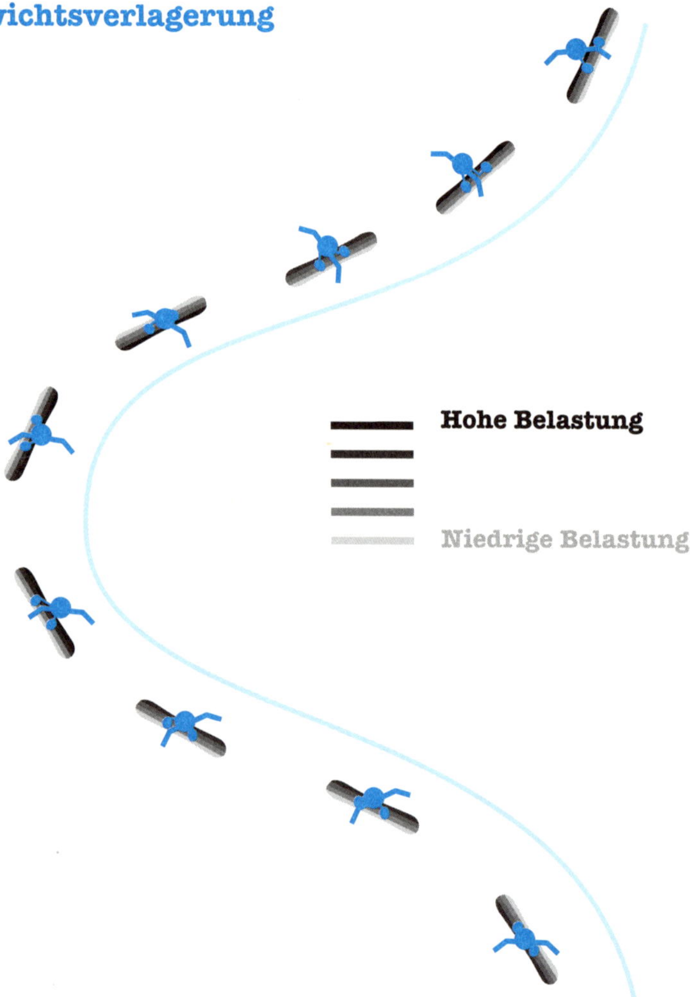

Skifahren

Kurventechnik durch Gewichtsverlagerung

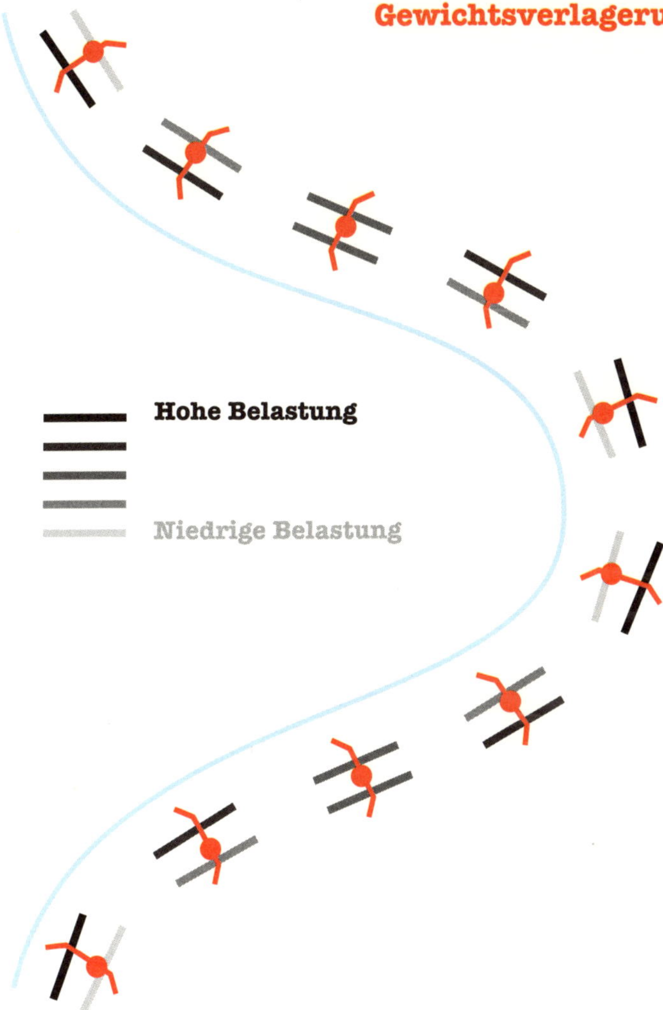

Mehrkämpfe

Dekathlon
Heptathlon
Pentathlon
Triathlon
Duathlon
Aquathlon
Biathlon
100 m
400 m
1500 m
100 m
800 m
200 m
3 km

Sportgriffe

Golf

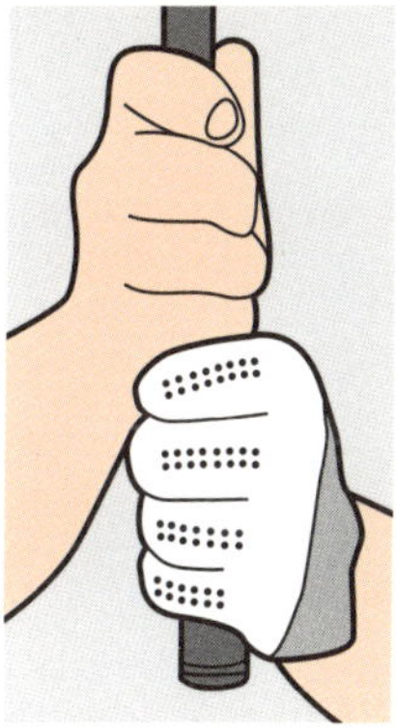

Baseball-Griff

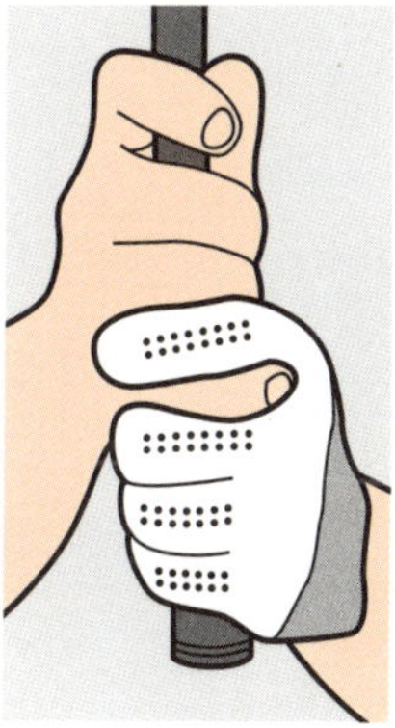

Interlocking-Griff

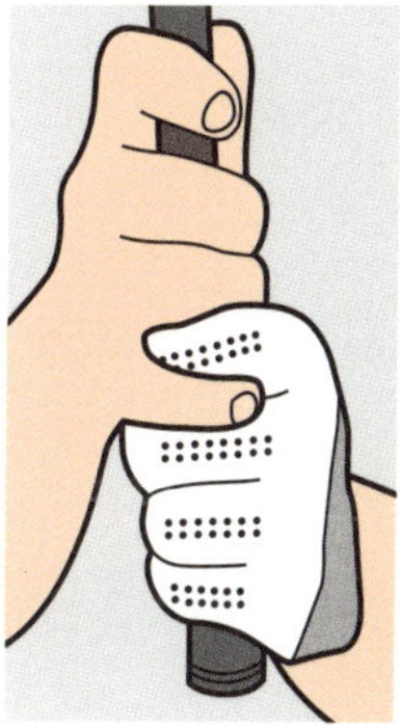

Vardon-Griff

Tennis

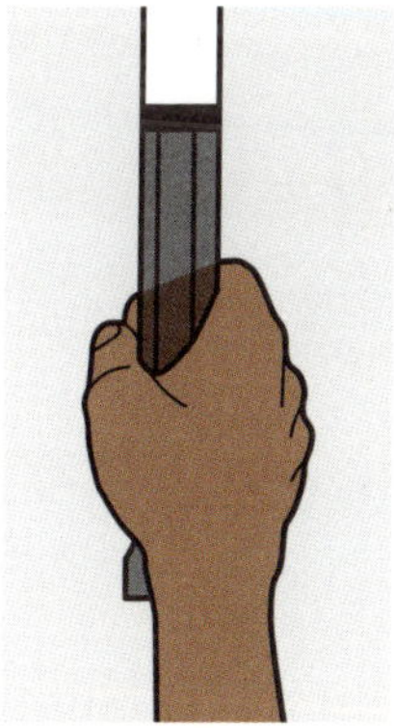

Kontinental-Griff

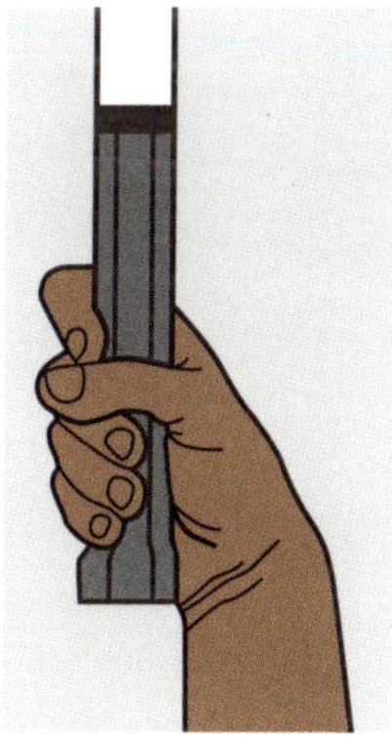

Western-Griff

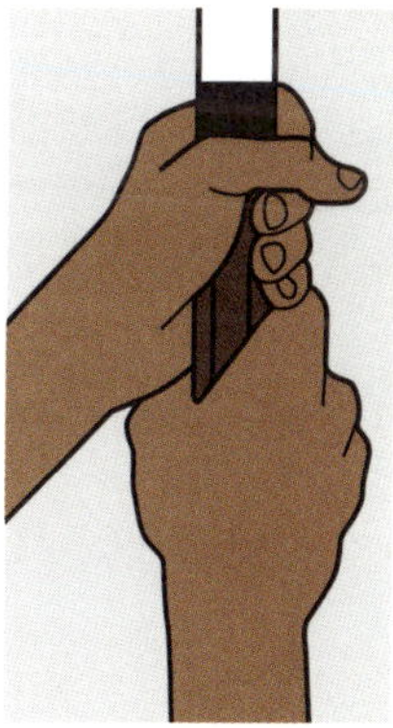

Beidhändiger Rückhandgriff

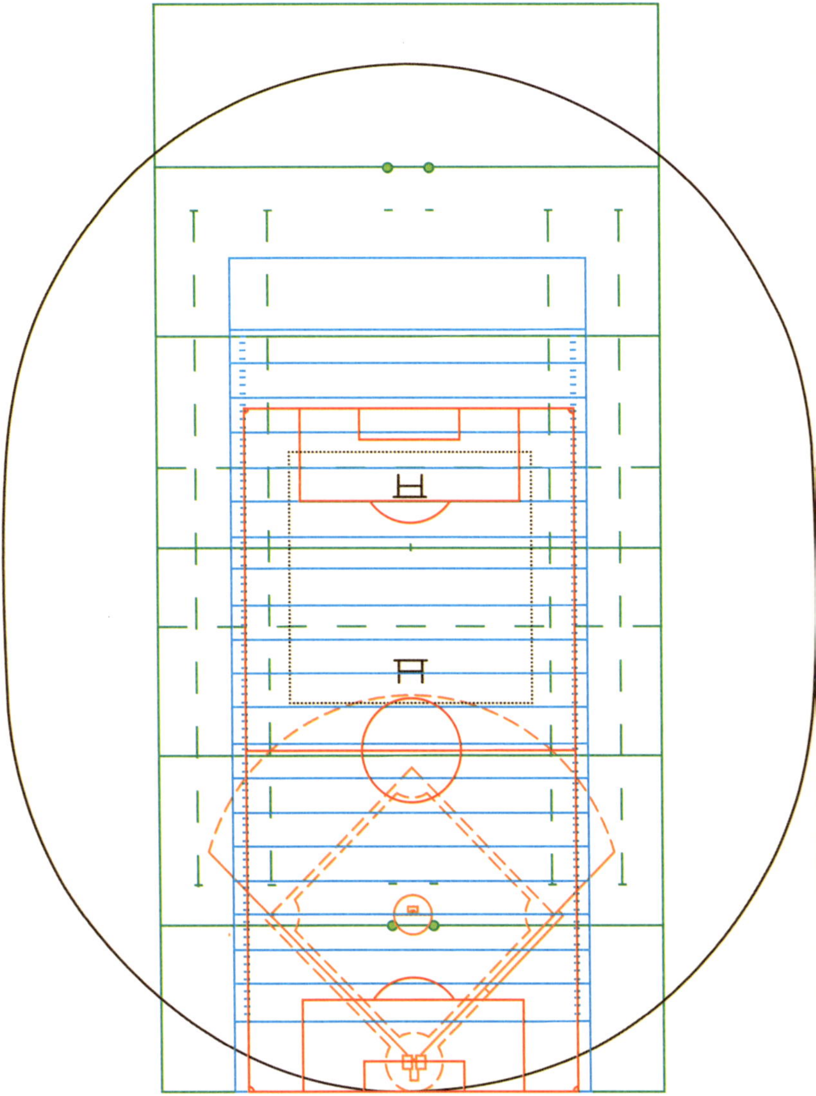

10 m

Sportplätze

- American Football
- Rugby
- Baseball
- Fußball
- Cricket
- Eishockey
- Basketball
- Tennis
- Badminton
- Sumo-Ringen
- Tischtennis

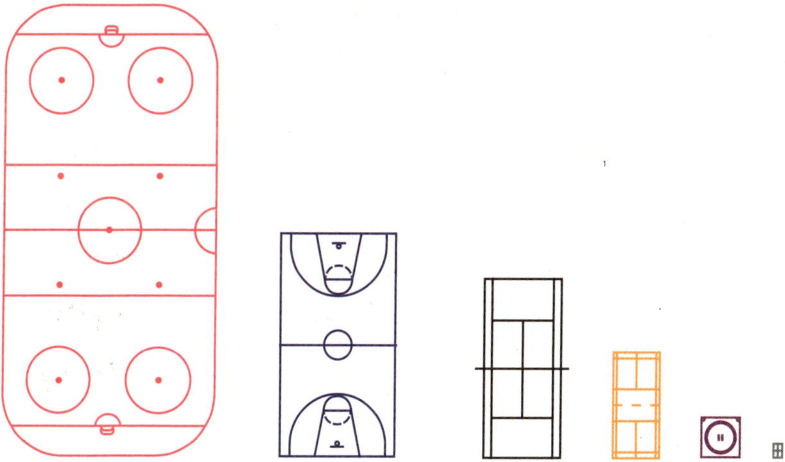

Sportbälle

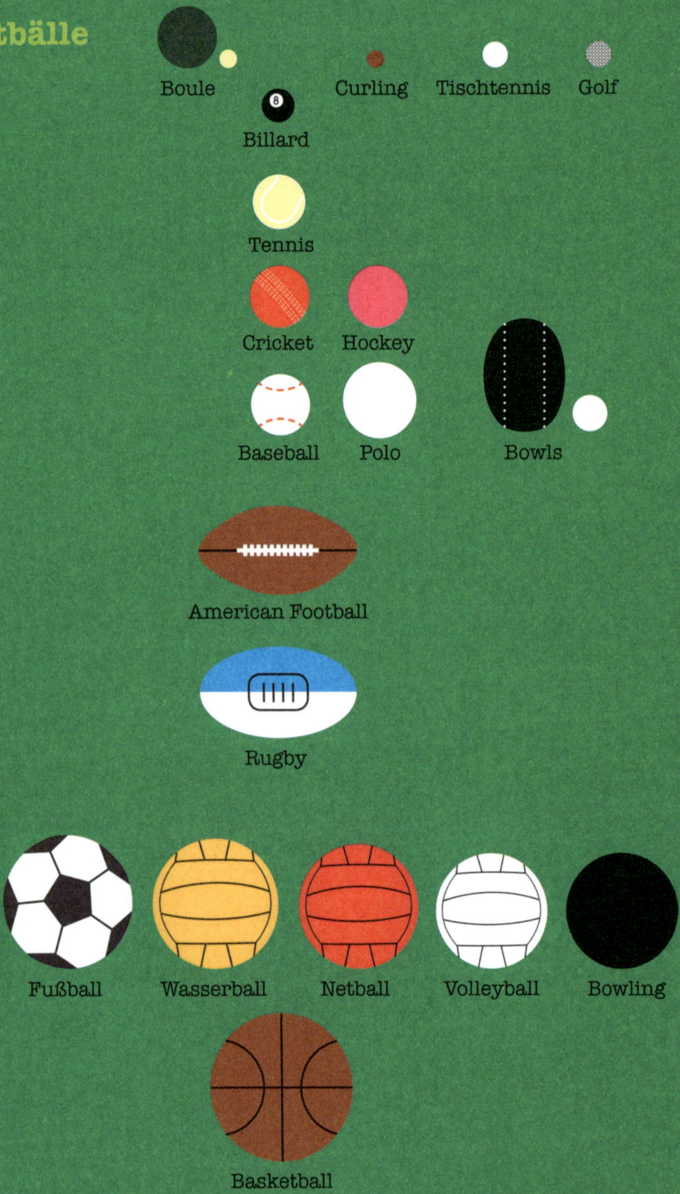
Boule
Curling
Tischtennis
Golf
Billard
Tennis
Cricket
Hockey
Baseball
Polo
Bowls
American Football
Rugby
Fußball
Wasserball
Netball
Volleyball
Bowling
Basketball

Planeten

Merkur
Venus
Erde
Mars
Jupiter
Saturn
Uranus
Neptun
Pluto
(Zwergplanet)

Sternbilder

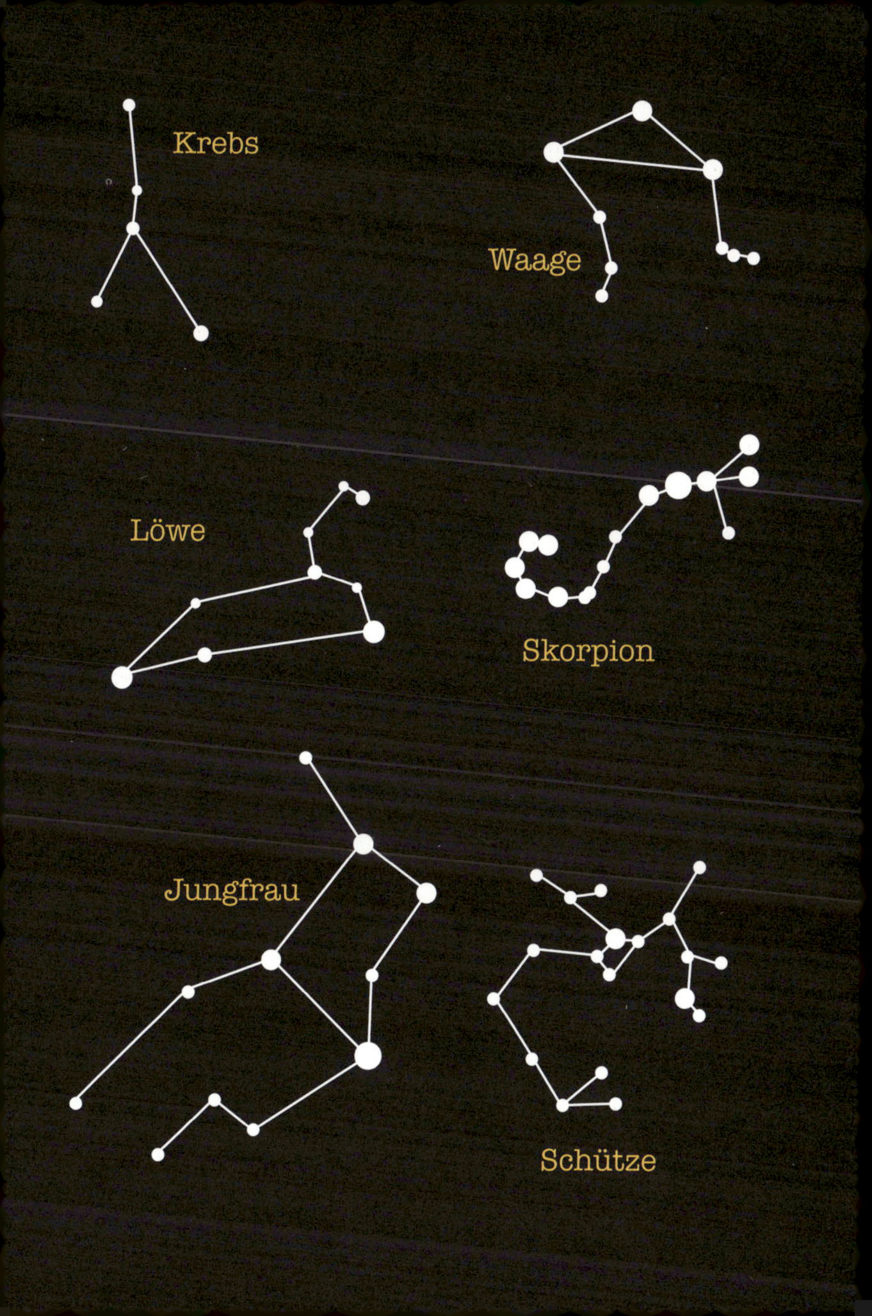
Krebs
Waage
Löwe
Skorpion
Jungfrau
Schütze

UdSSR

1957

Sputnik 1 umkreist als erster künstlicher Himmelskörper die Erde.

1958

Mit Sputnik 2 fliegt die Hündin Laika 7 Tage lang in den Weltraum.

1959

Luna 2 fliegt als erste Raumsonde zum Mond.
Luna 3 liefert erste Bilder von der Rückseite des Mondes.

1960

1961

Wostok 1 trägt mit Juri Gagarin den ersten Menschen in den Weltraum.

Mit Wostok 2 umkreist der Kosmonaut German Titow 25 Stunden lang die Erde.

1962

1963

Walentina Tereschkowa fliegt mit Vostok 6 als erste Frau ins All und umkreist die Erde 48 Mal.

1964

Woschod 1, dreisitziges Raumschiff.

1965

Alexei A Leonow unternimmt aus Woschod 2 den ersten »Weltraumspaziergang«.

1966

Luna 9 landet weich auf dem Mond.
Venera 3 erreicht als erstes Raumfahrzeug die Venus.
Luna 10 umkreist erstmals den Mond.

1967

Bei der missglückten Landung von Sojus 1 findet Wladimir Komarow den Tod.

1968

Zond 5 umkreist erstmals den Mond und kehrt zur Erde zurück.

1969

Mit den Raumschiffen Sojus 4 und 5 gelingt das erste Andock- und Umsteigemanöver im Weltraum.

1970

USA

Der Wettlauf ins All

1957

1958

Explorer 1, der erste US-Satellit.

Gründung der NASA.

1959

1960

Mit Tiros 1 wird der erste Wettersatellit gestartet.
Discoverer 14 ist als erster Spionagesatellit mit einer Kamera ausgerüstet.

1961

Mercury Freedom 7 trägt Alan B. Shepard Jr. ins All.

1962

In Mercury Friendship 7 umkreist John H. Glenn Jr. die Erde.
Der Satellit Telstar 1 überträgt die erste Live-TV-Sendung zwischen Europa und den USA.

1963

1964

U.S. Ranger 7 liefert erste Nahaufnahmen vom Mond.

1965

Edward White II unternimmt »Weltraumspaziergang«.
Mariner 4 schickt erste Marsbilder zur Erde.
Mit Gemini 6 und 7 gelingt ein »Rendezvous-Manöver«.

1966

Surveyor 1 landet als erstes US-Raumfahrzeug weich auf dem Mond.
Lunar Orbiter 1 fotografiert erstmals vom Mond aus die Erde.

1967

1968

Apollo 8 trägt mit Frank Borman, James Lovell und William Anders die ersten Menschen in eine Umlaufbahn um den Mond.

1969

Mit Apollo 11 betreten die ersten Menschen den Mond: Neil Armstrong und Buzz Aldrin landen, Michael Collins bleibt im Apollo-Mutterschiff auf einer Kreisbahn um den Mond.

1970

Raumfahrzeuge

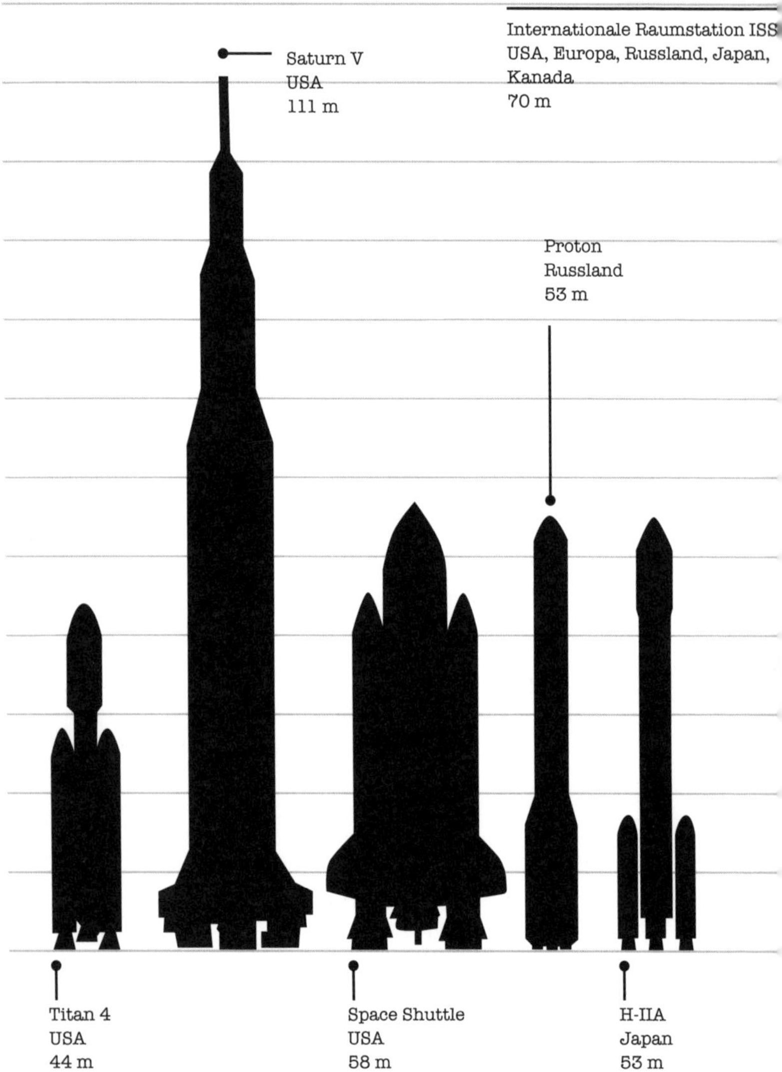

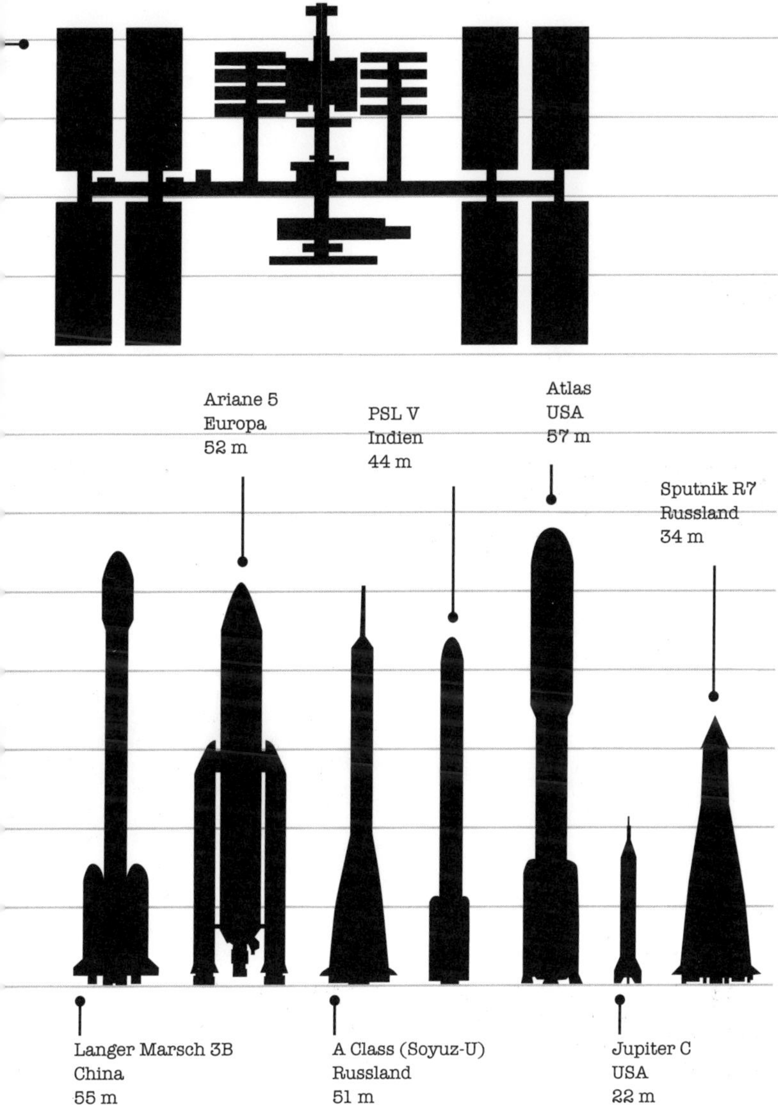
Ariane 5
Europa
52 m
PSL V
Indien
44 m
Atlas
USA
57 m
Sputnik R7
Russland
34 m
Langer Marsch 3B
China
55 m
A Class (Soyuz-U)
Russland
51 m
Jupiter C
USA
22 m

Science-Fiction-Raumfahrzeuge

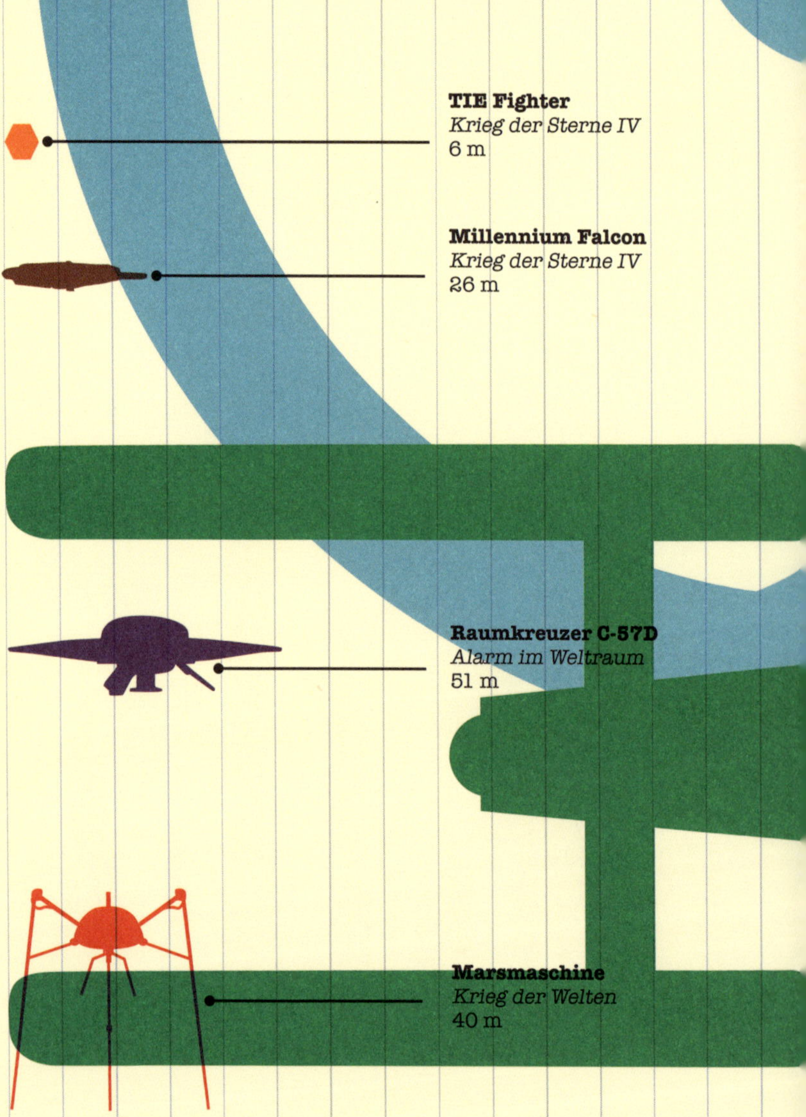

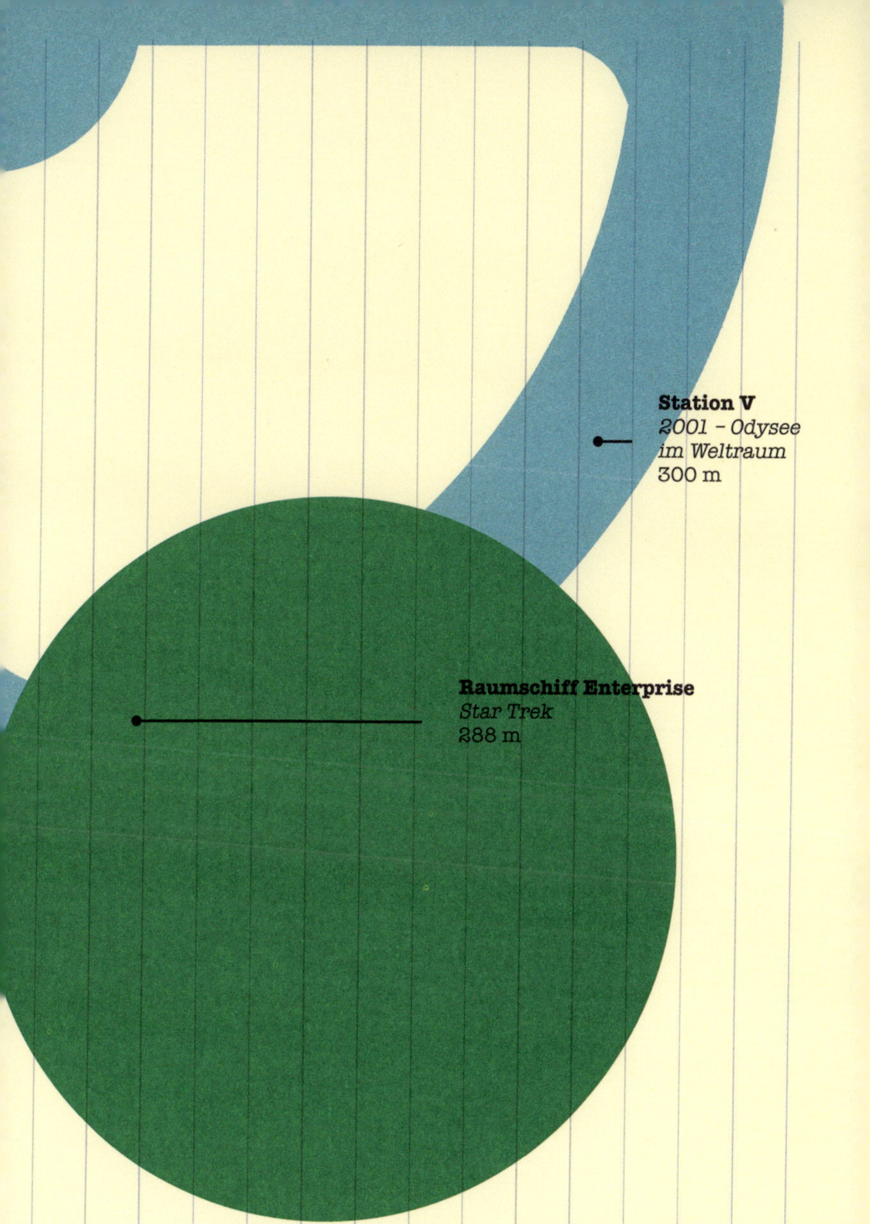
Station V
2001 – Odysee im Weltraum
300 m
Raumschiff Enterprise
Star Trek
288 m

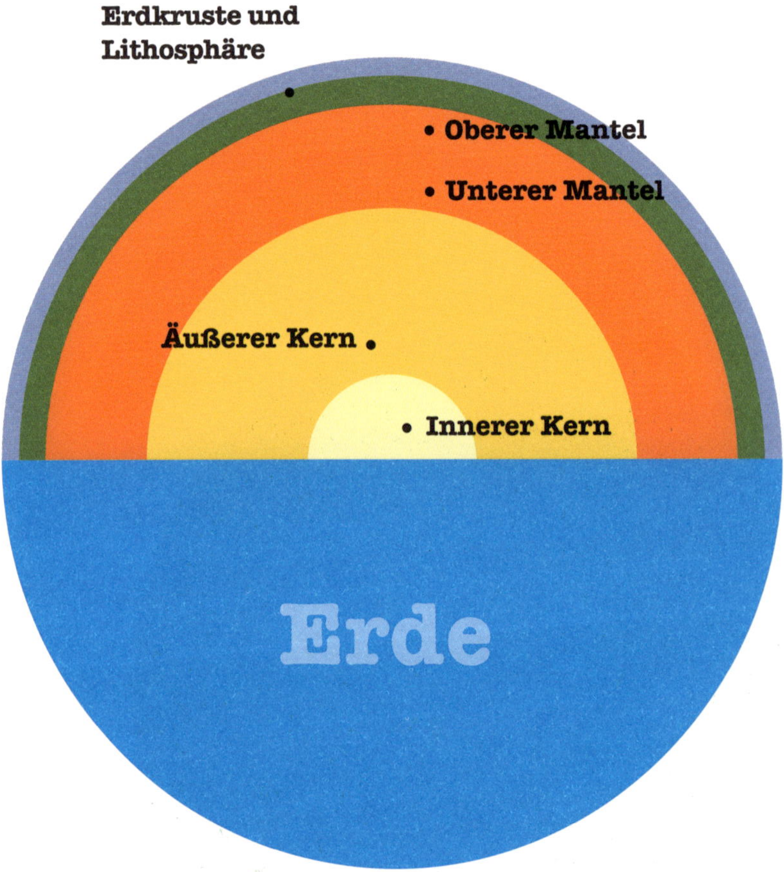
Erdkruste und
Lithosphäre
Oberer Mantel
Unterer Mantel
Äußerer Kern
Innerer Kern
Erde

Kruste
Mantel
Kern
Mars

Teleskope

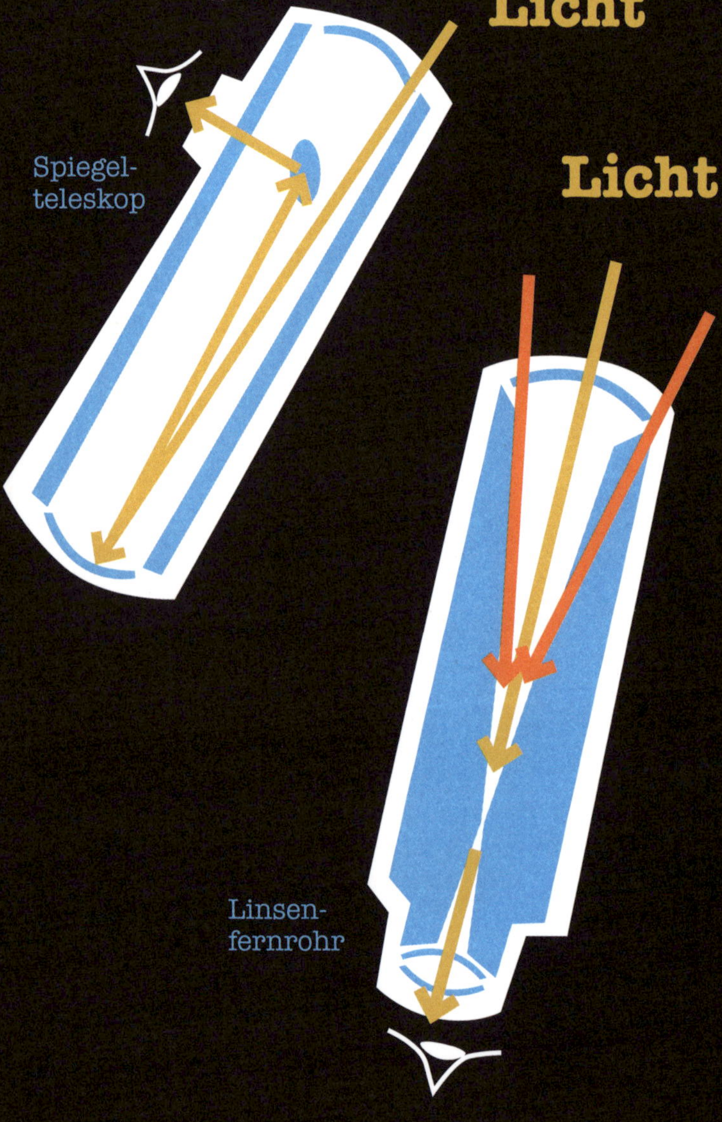

Spiegelreflexkamera

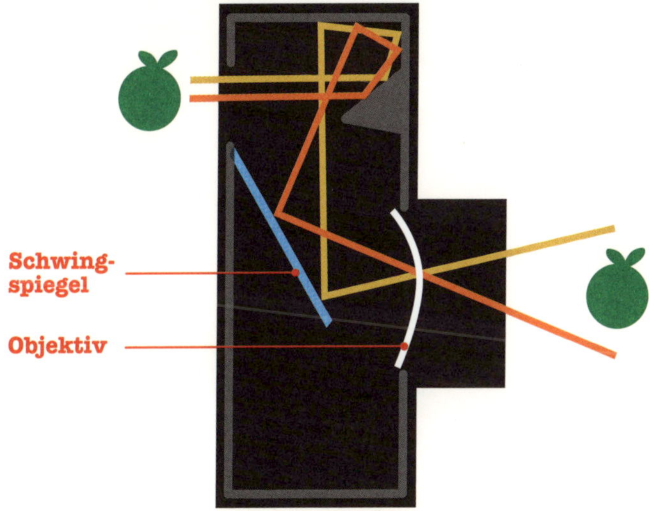

Klick

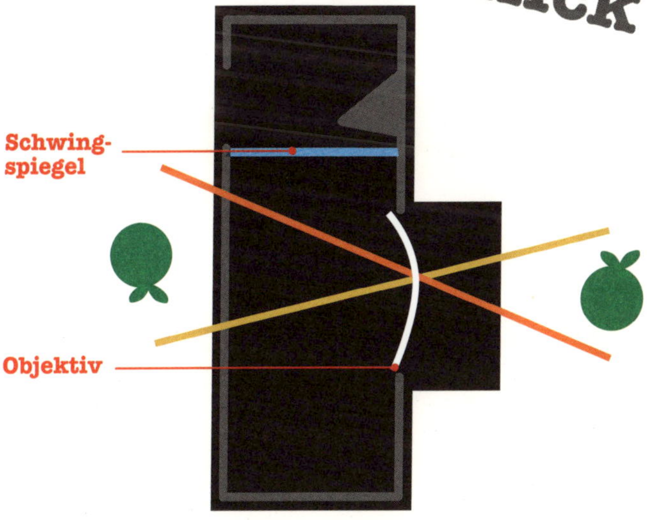

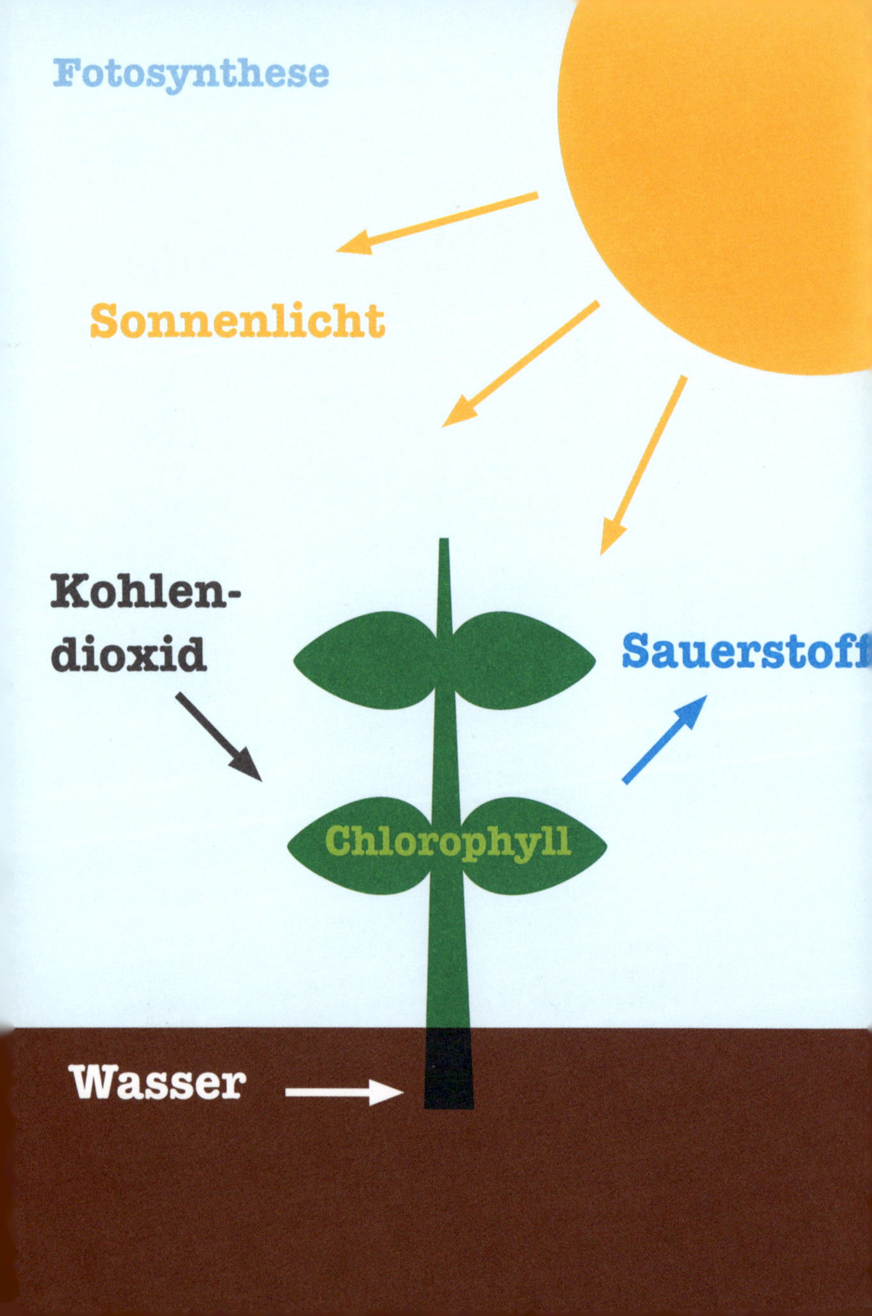
Fotosynthese
Sonnenlicht
Kohlen-
dioxid
Sauerstoff
Chlorophyll
Wasser

Blätter

Esche
Bergahorn
Haselstrauch
Ulme
Eiche
Birke
Rotdorn
Stechpalme
Kastanie
Buche

Küstenmammutbaum
115 m
Riesenmammutbaum
85 m
Buche
40 m
Christbaum
3 m
Eiche
31 m

Bäume

Holzverbindungen

Kreuz-
überblattung

Überblattete
T-Verbindung

Falz

Eckküber-
blattung

Gerades Blatt

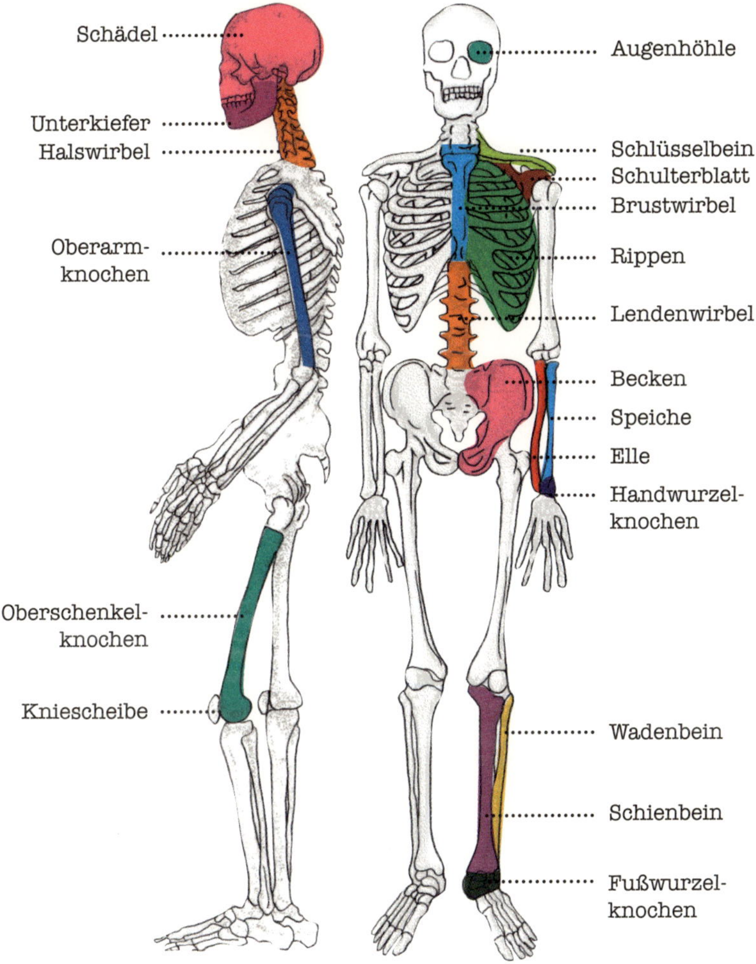
Schädel
Unterkiefer
Halswirbel
Oberarm-
knochen
Oberschenkel-
knochen
Kniescheibe
Augenhöhle
Schlüsselbein
Schulterblatt
Brustwirbel
Rippen
Lendenwirbel
Becken
Speiche
Elle
Handwurzel-
knochen
Wadenbein
Schienbein
Fußwurzel-
knochen

Skelett

Muskeln

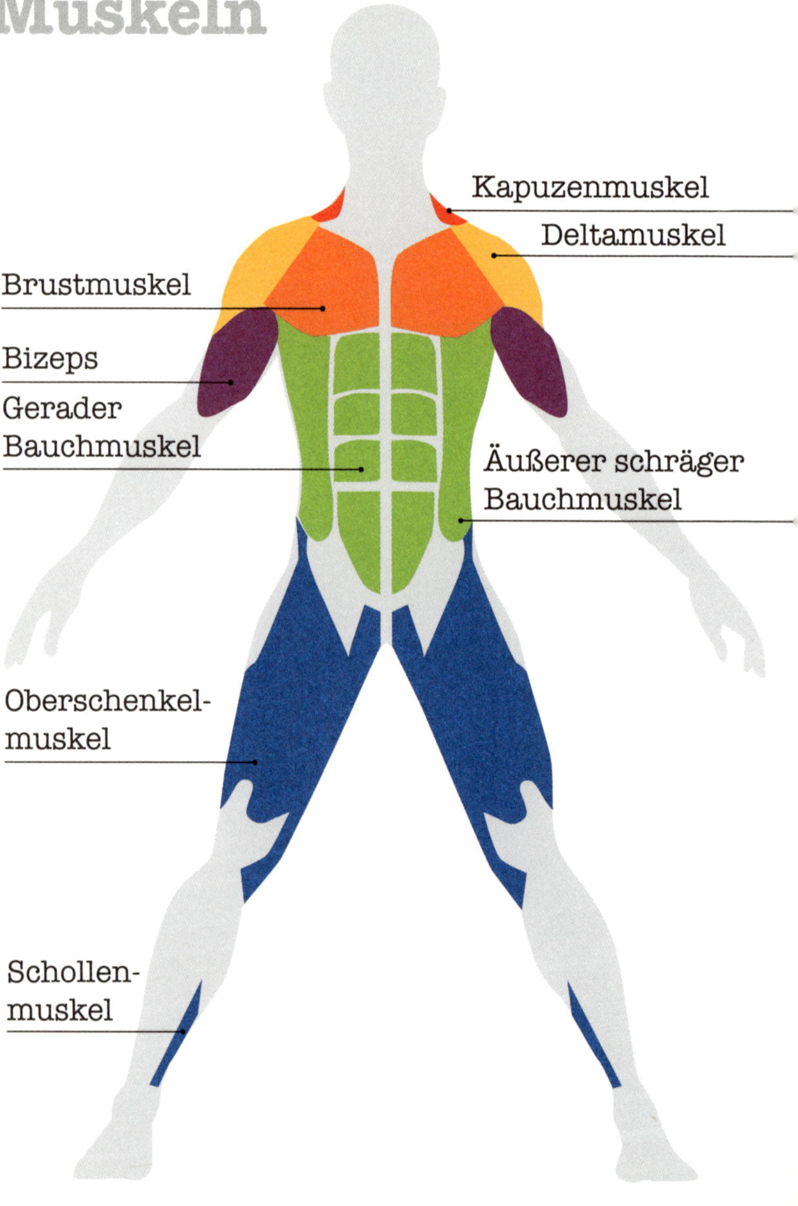

Kapuzenmuskel
Deltamuskel
Brustmuskel
Bizeps
Gerader Bauchmuskel
Äußerer schräger Bauchmuskel
Oberschenkel-muskel
Schollen-muskel

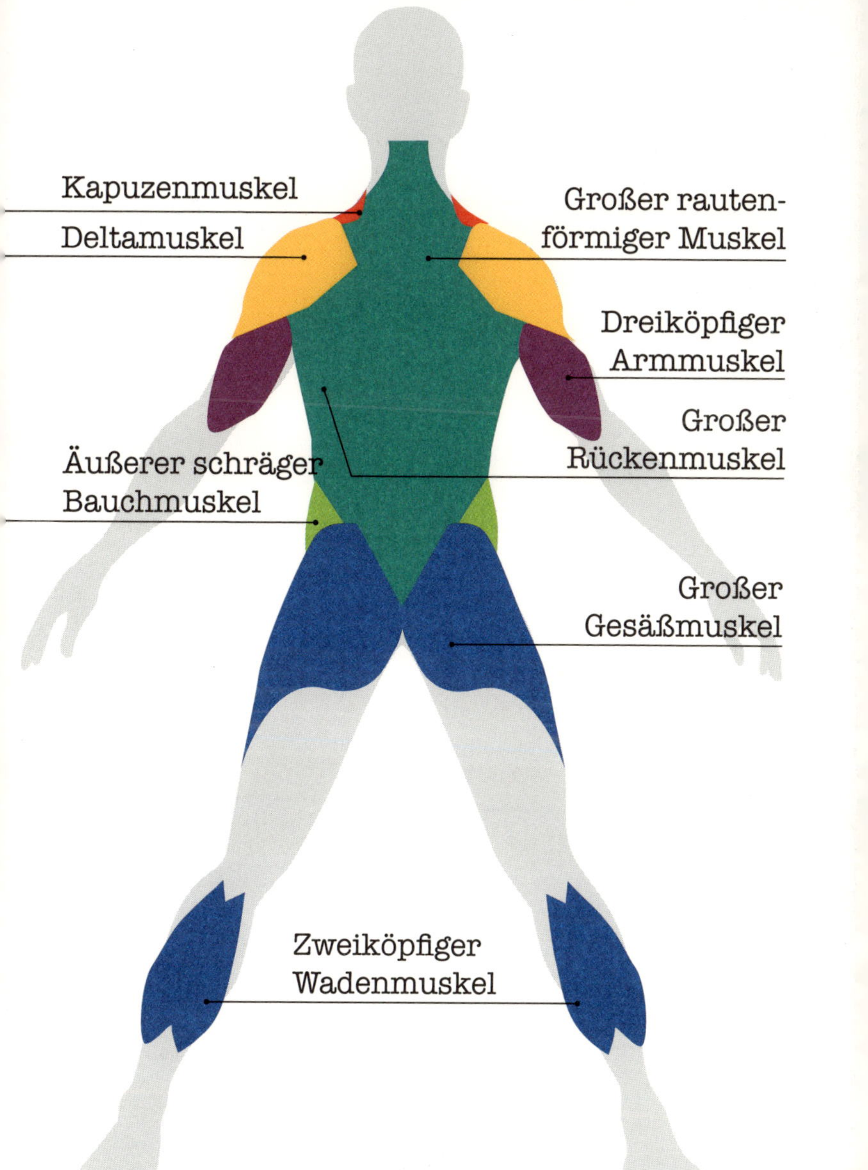

Kapuzenmuskel
Deltamuskel
Großer rauten-
förmiger Muskel
Dreiköpfiger
Armmuskel
Großer
Rückenmuskel
Äußerer schräger
Bauchmuskel
Großer
Gesäßmuskel
Zweiköpfiger
Wadenmuskel

Schwarzleguan
34 km/h
Mensch
43 km/h
Schwärmer
53 km/h
Strauß
69 km/h

Die schnellsten Tiere

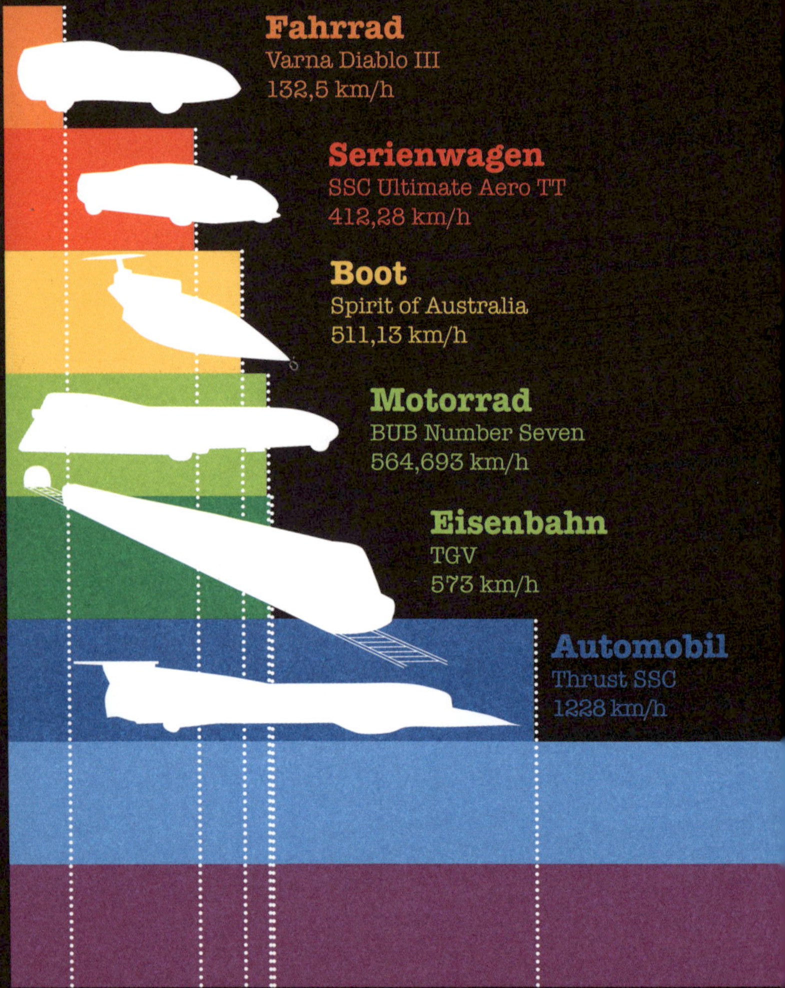
Fahrrad
Varna Diablo III
132,5 km/h
Serienwagen
SSC Ultimate Aero TT
412,28 km/h
Boot
Spirit of Australia
511,13 km/h
Motorrad
BUB Number Seven
564,693 km/h
Eisenbahn
TGV
573 km/h
Automobil
Thrust SSC
1228 km/h

Die schnellsten Fortbewegungsmittel

Passagierflugzeug
Concorde
2140 km/h

Flugzeug
Blackbird
3540 km/h

Automobiltechnik

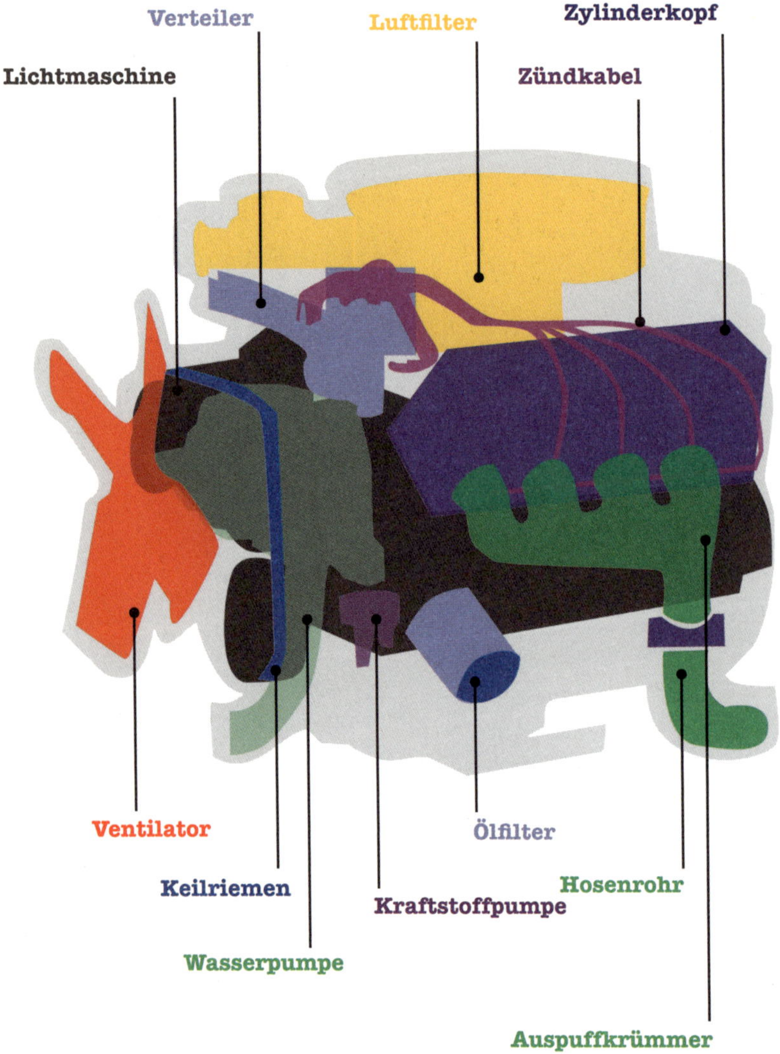

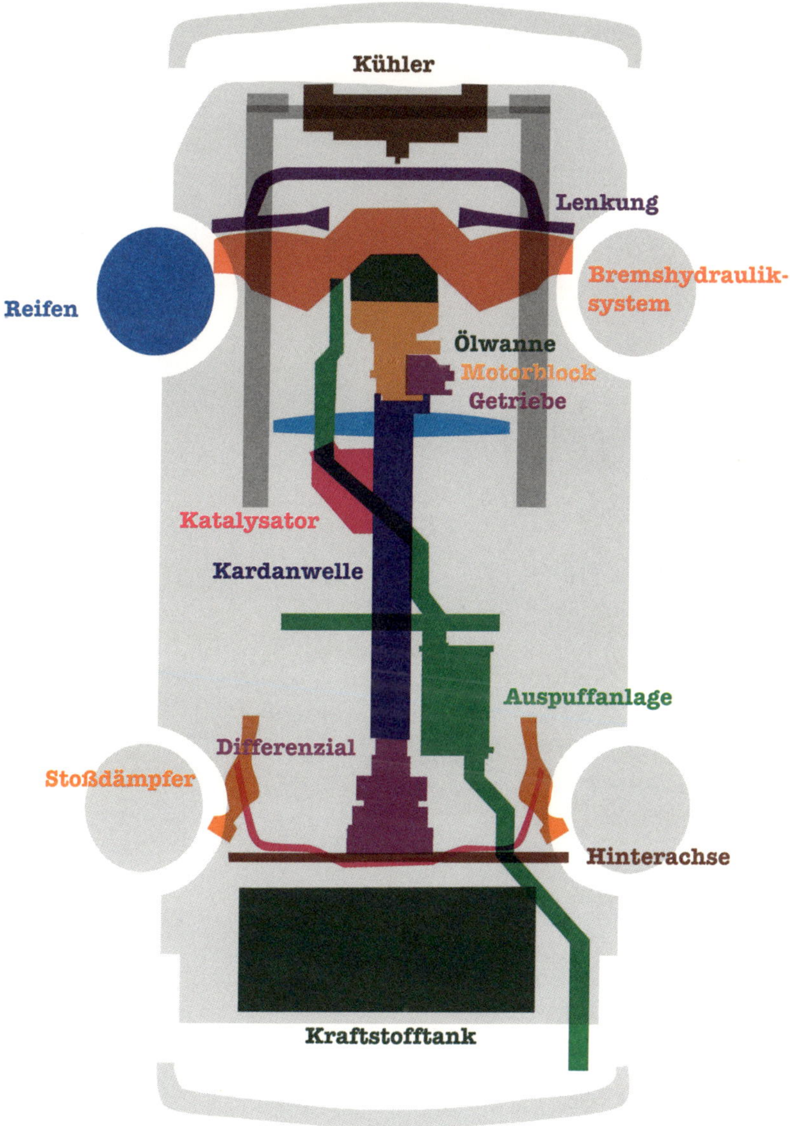

Kühler
Lenkung
Reifen
Bremshydraulik-
system
Ölwanne
Motorblock
Getriebe
Katalysator
Kardanwelle
Auspuffanlage
Differenzial
Stoßdämpfer
Hinterachse
Kraftstofftank

Erfindungen des 19. Jahrhunderts

1800

Alessandro Graf von Volta erfindet die Batterie

Robert Trevithick stellt seine Dampflokomotive vor.

1810

Peter Durand erfindet die Konservendose.

Ludditen zerstören erstmals Textilverarbeitungsmaschinen.

George Stephenson konstruiert seine erste Dampflokomotive.

Joseph Nicéphore Nièpce erfindet die Heliografie (erste fotografische Technik).

1820

Michael Faraday führt die elektromagnetische Rotation vor, das Funktionsprinzip des Elektromotors.

Die erste Dampfeisenbahn nimmt ihren Betrieb auf.

Marc Brunel ermöglicht mit dem Tunnelbohrschild Tunnelbauten unter Wasser.

1830

Kommerzielle Eisenbahnverbindung zwischen Liverpool und Manchester.

Fox Talbot erstellt Fotoabzüge vom Negativ.

Charles Babbage baut Rechenmaschinen.

Samuel Colt entwickelt den ersten Revolver.

Samuel Morse entwickelt den Telegraphen.

1840

Great Western ist der erste Ozeandampfer.

Erster Tunnel unter der Themse.

Patent auf Luftreifen erteilt.

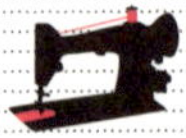

1850

Isaac Singer erfindet die erste brauchbare Nähmaschine.

John Tyndall erfindet den Hohllichtleiter.

Louis Pasteur entwickelt die Pasteurisierung.

Etienne Lenoir führt seinen Gasmotor vor.

1860

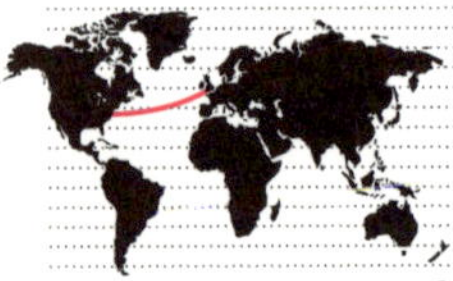

Henry Ford wird geboren.

Erste Pullman-Waggons.

Transatlantikkabel verlegt.

Alfred Nobel erfindet das Dynamit.

1870

Eröffnung des Suez-Kanals.

Alexander Graham Bell patentiert das Telefon.

Thomas Edison erfindet den Phonografen.

Nikolaus Otto erfindet den Ottomotor.

1880

Thomas Edison erfindet die Glühlampe.

Hiram Maxim erfindet das Maschinengewehr.

Karl Benz baut das erste benzinbetriebene Automobil.

Heinrich Hertz entdeckt die Radiowellen.

1890

Fertigstellung des Eiffelturms.

Rudolf Diesel entwickelt den nach ihm benannten Motor.

Withcomb Judson erfindet den Reißverschluss.

Otto Lilienthal führt bemannte Flüge mit Gleitflugzeugen durch.

Guglielmo Marconi erfindet die drahtlose Telegrafie.

1900

Erster Zeppelin.

Malerei des 19. Jahrhunderts

1800 Die Romantik löst den Klassizismus als führenden Kunststil ab.

William Blake, *Satan an der Höllenpforte.*
In Wien gründet sich der Lukasbund als Keimzelle der Nazarener.
1810

Caspar David Friedrich, *Der Wanderer über dem Nebelmeer.*

1820 John Constable, *Heuwagen.*
Jean-Auguste-Dominique Ingres, *Odalisque en Grisaille.*
Tod des führenden klassizistischen Malers Jacques-Louis David.
Eugène Delacroix, *Das Massaker von Chios.*
William Turner, *Odysseus verhöhnt Polyphem.*
1830 Die Schule von Barbizon beeinflusst maßgeblich die europäische Malerei und gilt als Wegbereiterin des Impressionismus.
Eugène Delacroix, *Freiheit führt das Volk.*

1840
William Turner, *Regen, Dampf und Geschwindigkeit.*
Die Präraffaeliten formieren sich in London.
Gustave Courbet, *Die Steinklopfer.*

1850 Jean-François Millet, *Der Sämann.*
Gustave Courbet, *Das Atelier.*
Jean-François Millet, *Die Ährenleserinnen.*

1860
Paul Cezanne stellt im Pariser Salon aus.
Edouard Manet, *Frühstück im Grünen.*

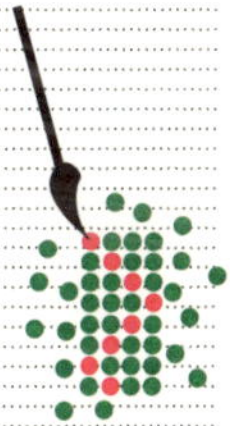

1870
Edgar Degas und Claude Monet beteiligen sich an impressionistischen Kunstausstellungen.
Pierre Auguste Renoir, *Le Moulin de la Galette.*
Claude Monet, *Gare Saint-Lazare.*
Edgar Degas, *Die Ballettprobe*

1880 Edouard Manet, *Eine Bar in den Folies-Bergère.*
Georges Seurat, *Ein Sonntagnachmittag auf der Insel La Grande Jatte.*
Paul Cézanne, *Montagne Sainte-Victoire.*
Letzte Ausstellung der Impressionisten.
Henri Rousseau, *Ein Abend im Karneval.*
1890 Vincent Van Gogh malt seine Sonnenblumen-Bilder.
Vincent Van Gogh erschießt sich.
Henri de Toulouse-Lautrec, *Moulin Rouge.*
Edvard Munch, *Der Schrei.*
Paul Gauguin, *Mutterschaft.*
1900 Claude Monet malt seine Seerosenbilder.

Farbenlehre

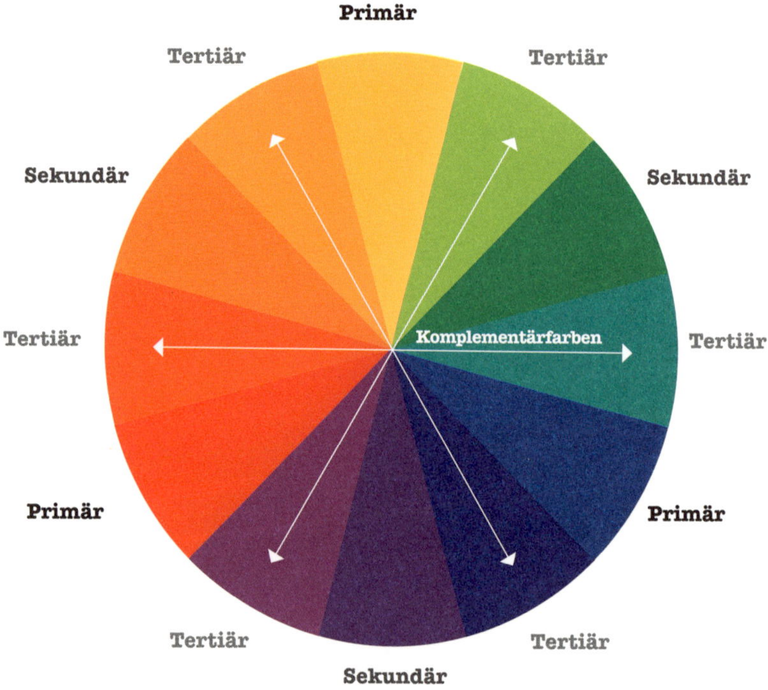

Additive Farbmischung

Subtraktive Farbmischung

Cocktails

Wodka Martini
6 cl Wodka
3 cl Martini dry
Alles mit Eis verrühren
und mit einer Olive
servieren.

Cosmopolitan
2 cl Wodka
1cl Cointreau
2 cl Cranberry juice
1 cl Limettensaft
Im Shaker mixen und mit
gestoßenem Eis servieren.

Screwdriver
4 cl Wodka mit
8 cl frisch gepresstem
Orangensaft und einer Prise
Salz mit Eis im Shaker mixen,
garnieren und servieren.

Piña Colada
4 cl weißer Rum
8 cl Ananassaft
4 cl Kokoscreme
Mit gestoßenem Eis aufmixen und mit
einem Fruchtspieß von Kirschen und
Ananas servieren. Nach Belieben mit
Soda verdünnen.

Singapore Sling
3 cl Gin
1,5 cl Cherry Brandy
12 cl Ananassaft
1 Dash Cointreau
1 Dash Bénédictine
1 cl Grenadinesirup
1,5 cl frischer Zitronensaft
1 Dash Angosture bitter

Blue Hawaiian
3 cl weißer Rum
6 cl Ananassaft
3 cl Blue Curaçao
2 cl Kokoscreme
Mit Eis mixen und mit einem Ananasstück und einer Kirsche servieren.

Whiskey Sour
4 cl Bourbonwhiskey
2 cl Zitronensaft
1,5 cl Zuckersirup
Mit Eiswürfeln im Shaker mischen und mit einer Zitronenscheibe servieren.

Caipirinha
2 TL brauner Zucker
1 in Achtel geschnittene Limette
3 cl Cachaça
Gestoßenes Eis

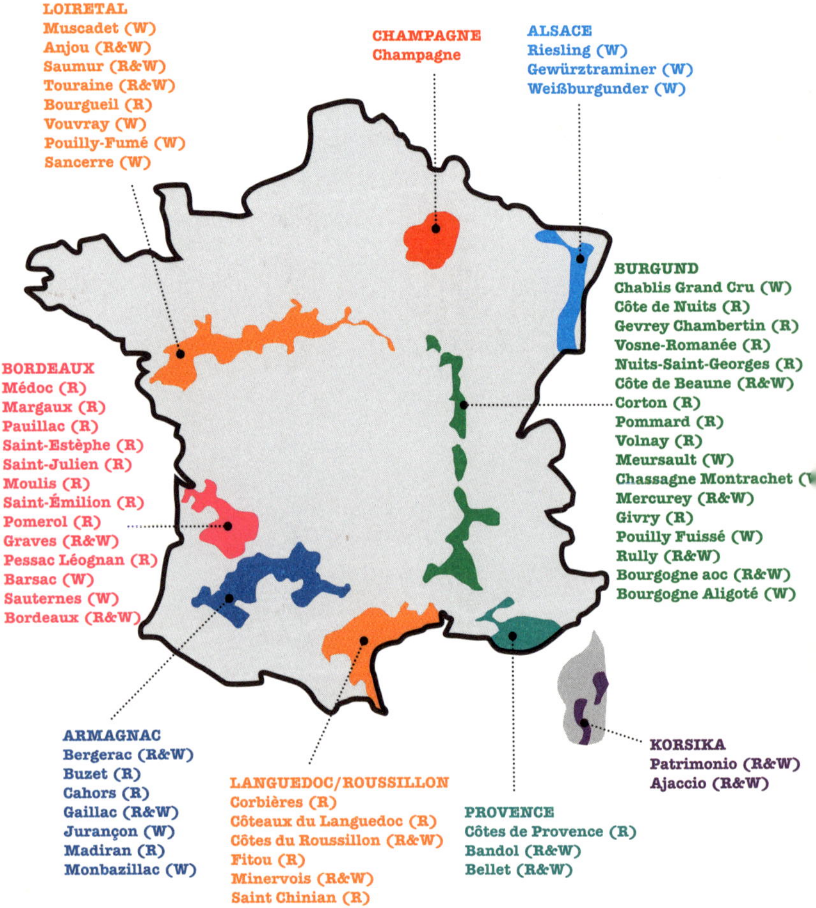

Weinbaugebiete Frankreichs

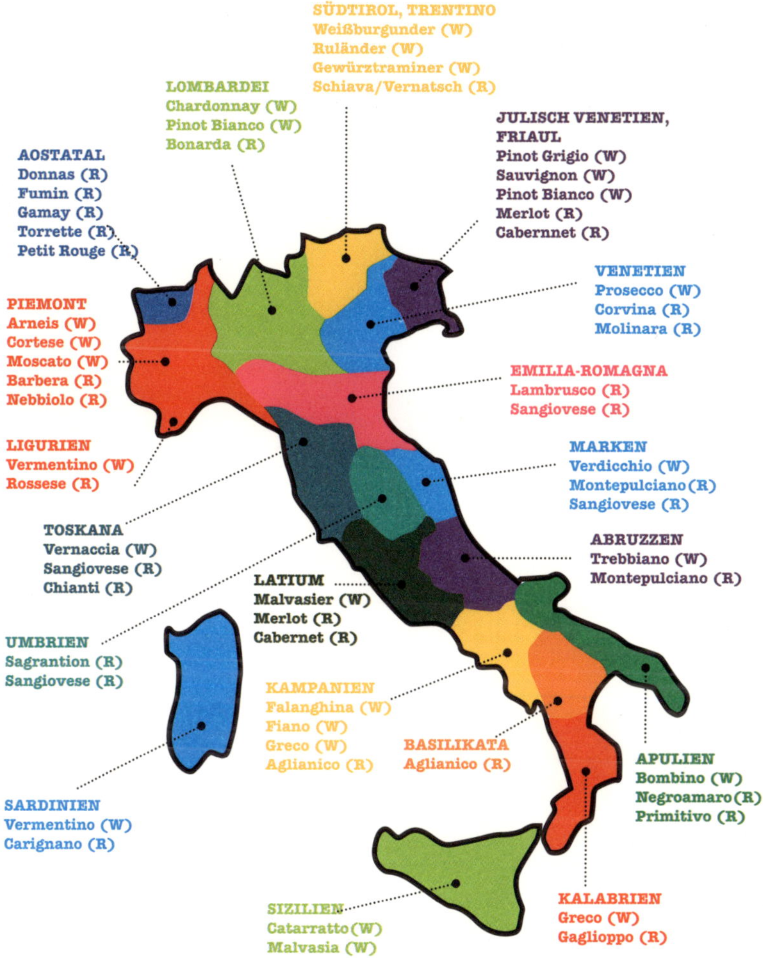

Weinbaugebiete Italiens

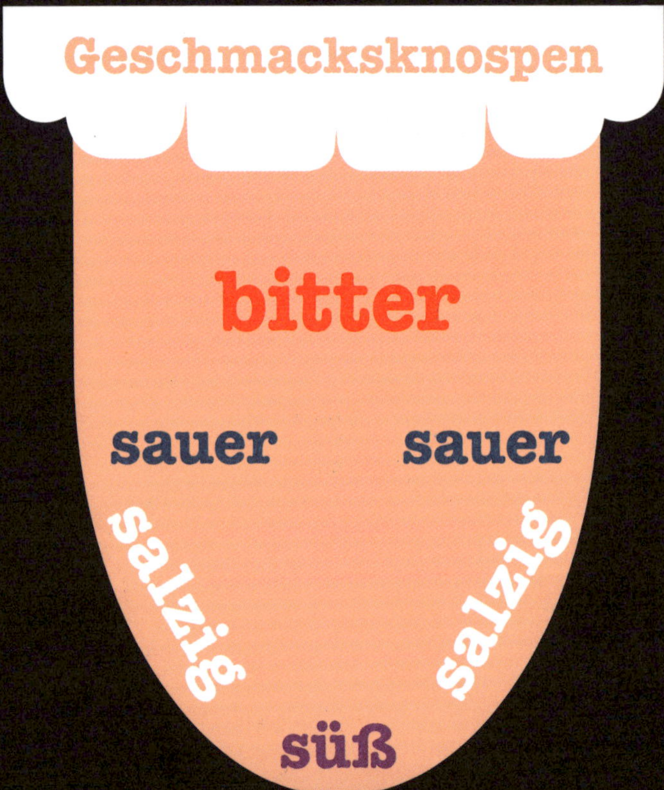
Geschmacksknospen
bitter
sauer
sauer
salzig
salzig
süß

Ausgewogene Ernährung

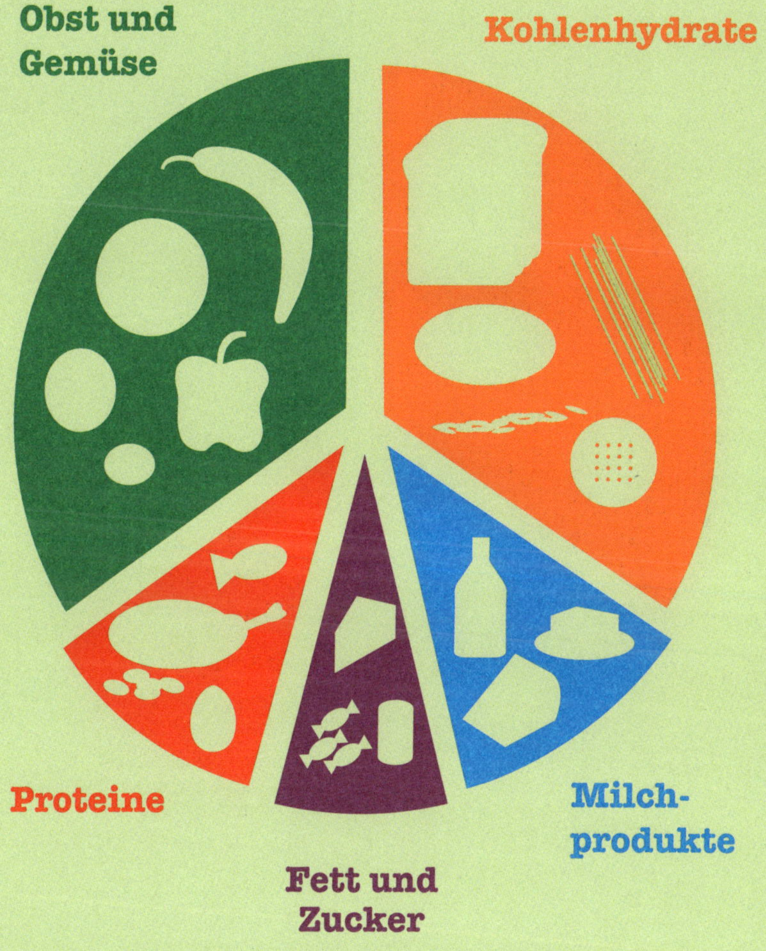

Mehl 100g
+
2 Eier
+
Milch 300ml
8 Pfannkuchen

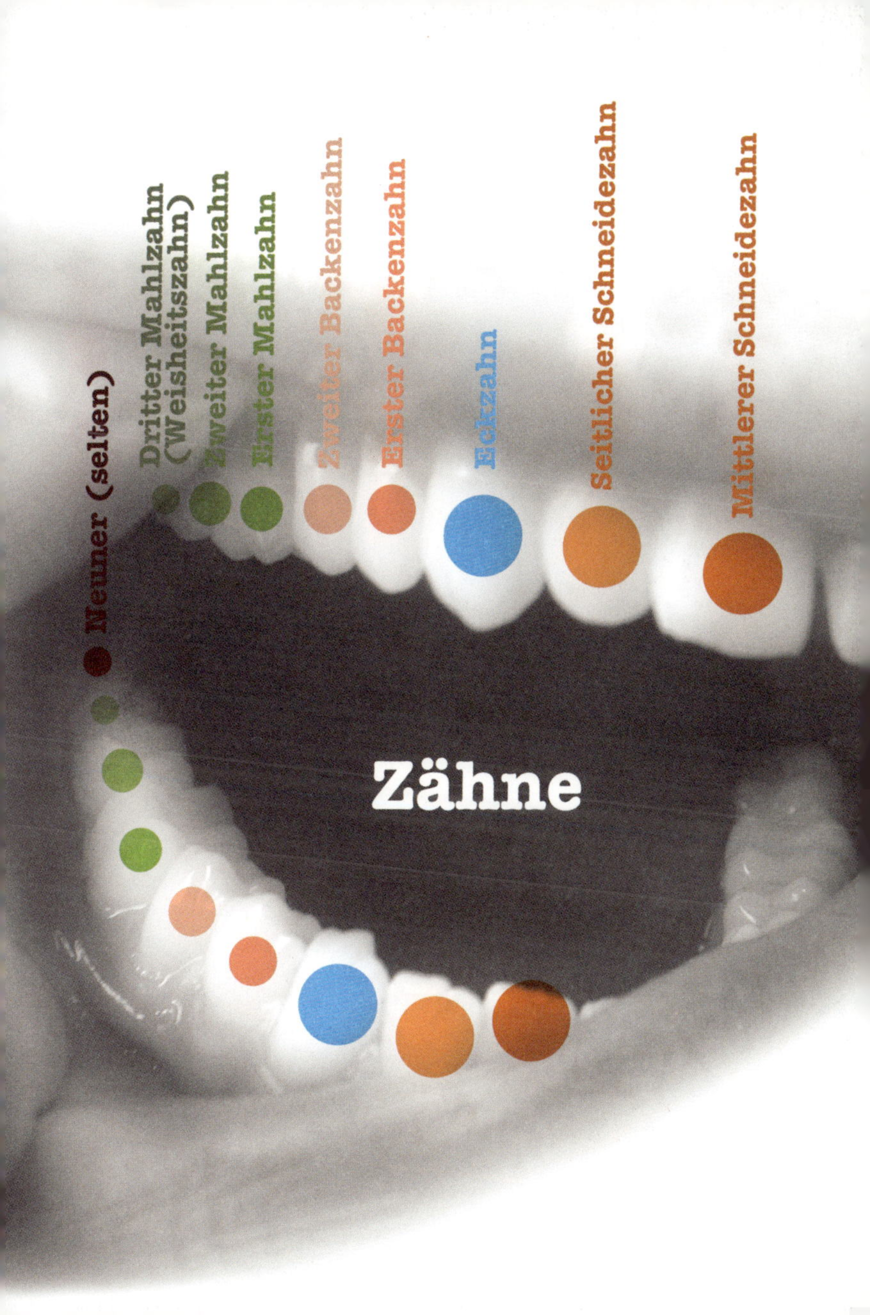
Zähne
Neuner (selten)
Dritter Mahlzahn (Weisheitszahn)
Zweiter Mahlzahn
Erster Mahlzahn
Zweiter Backenzahn
Erster Backenzahn
Eckzahn
Seitlicher Schneidezahn
Mittlerer Schneidezahn

Schlachtteile Lamm

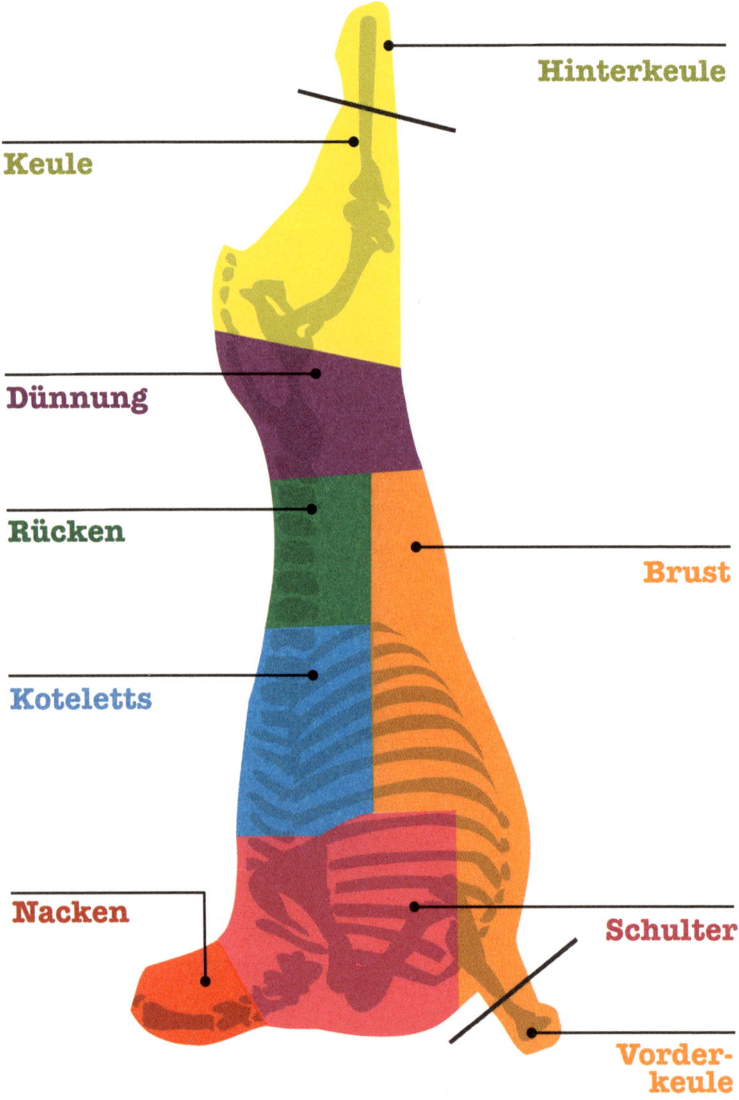

Schlachtteile Rind

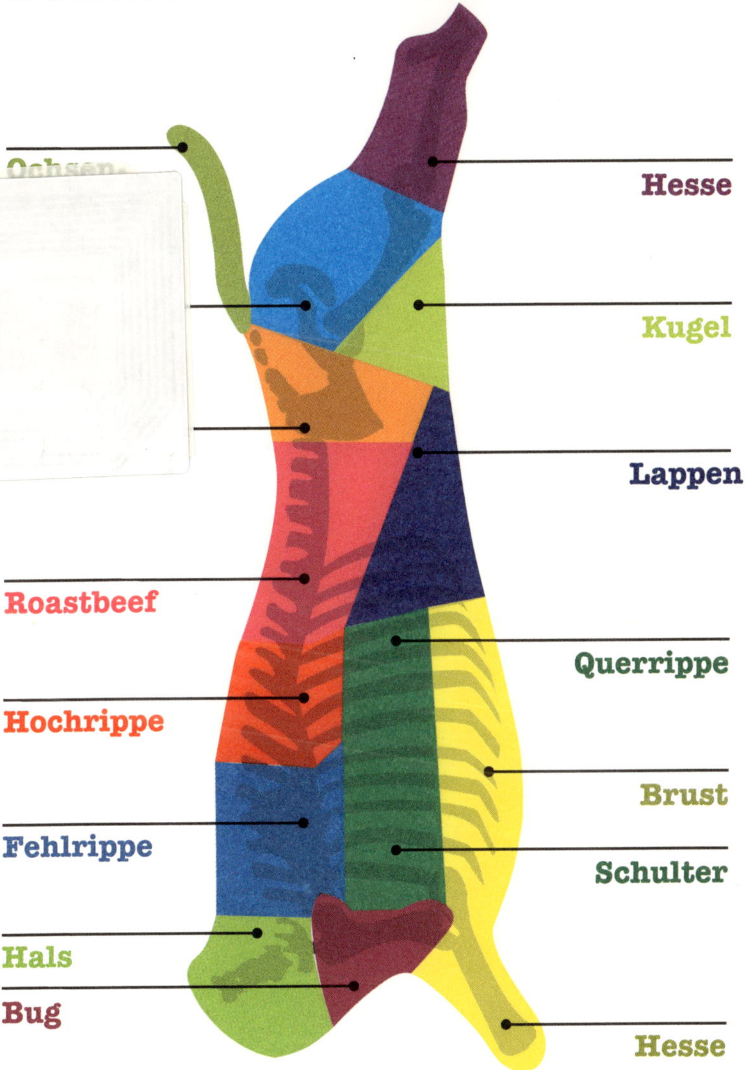

Das menschliche Verdauungssystem

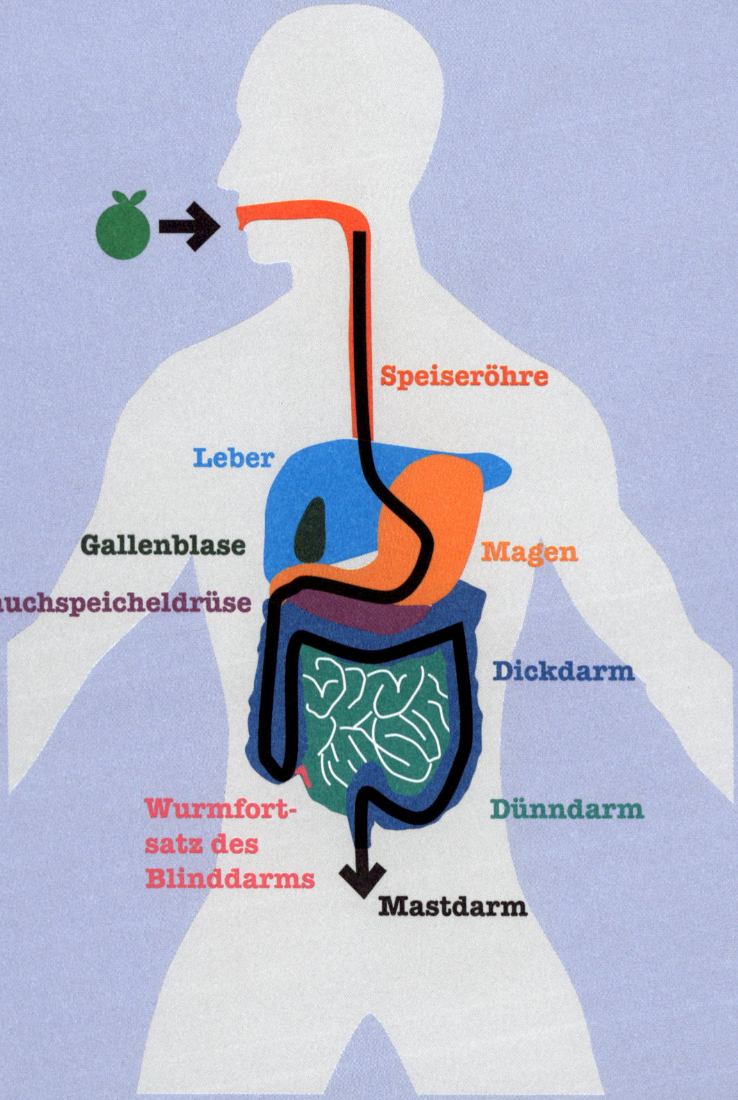

Heimlich-Handgriff

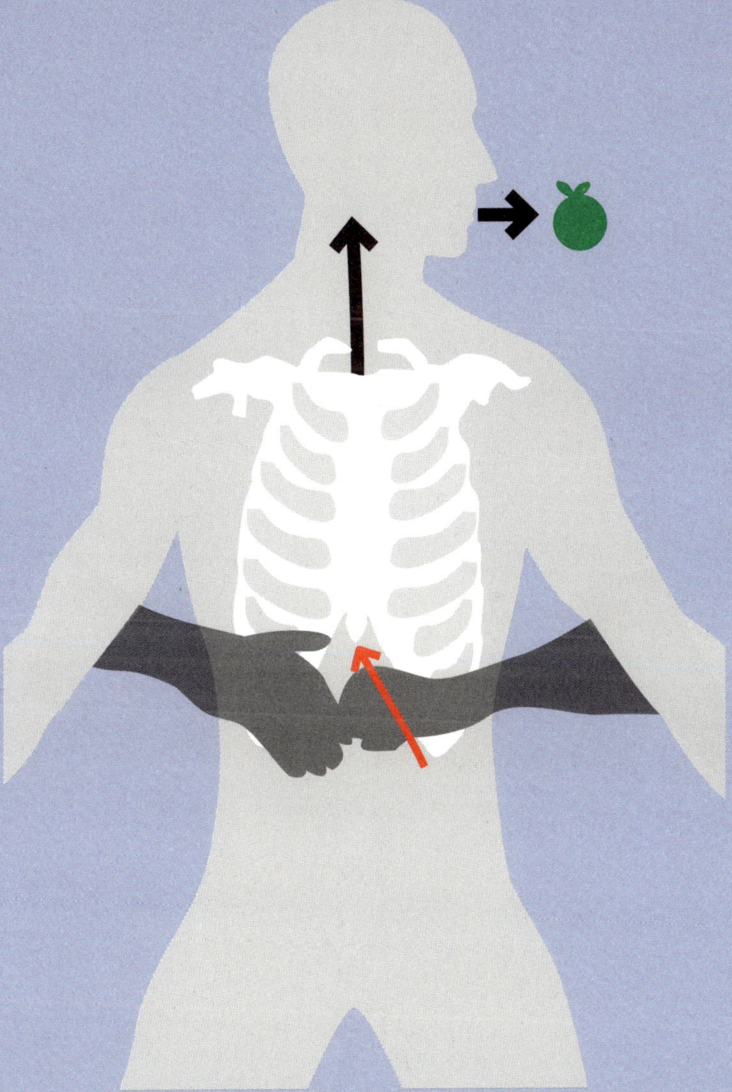

SELBSTVERTEIDIGUNG

Bandagen

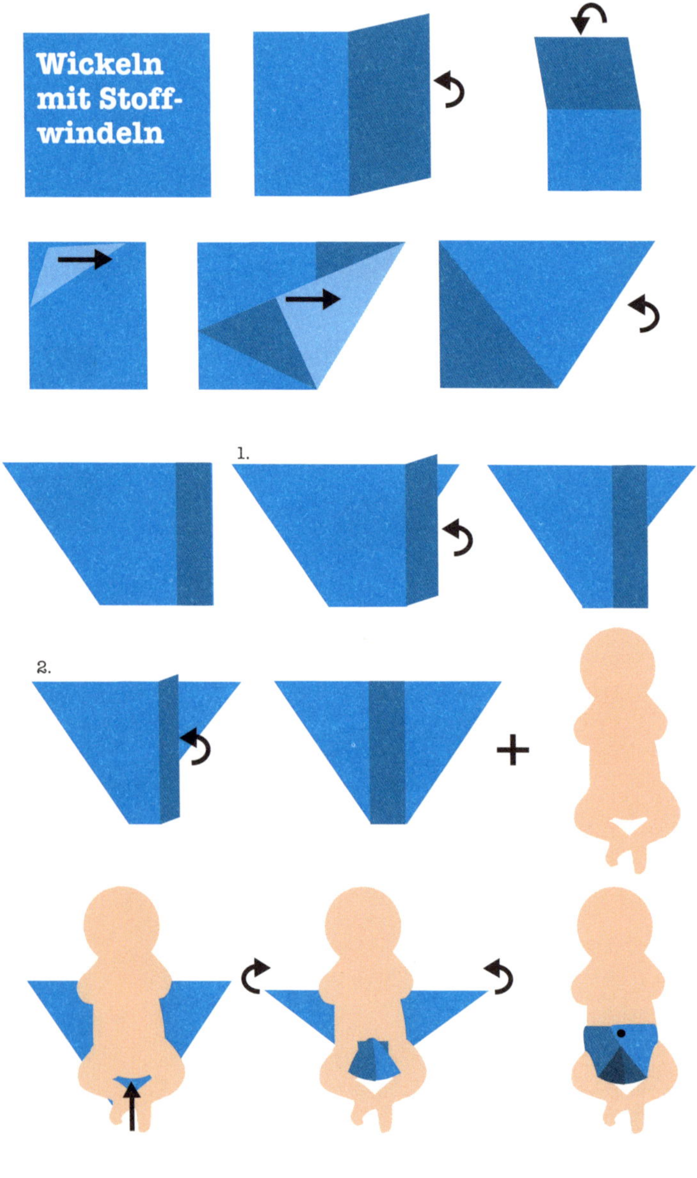
Wickeln mit Stoffwindeln
1.
2.

Papier-schiff-chen

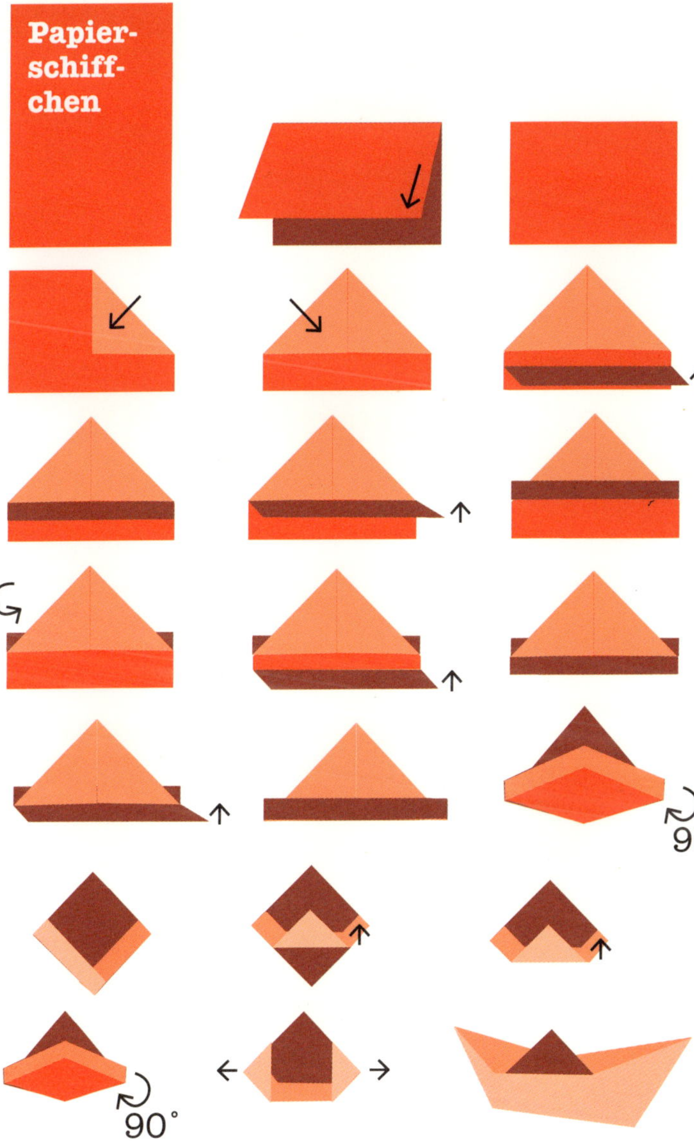

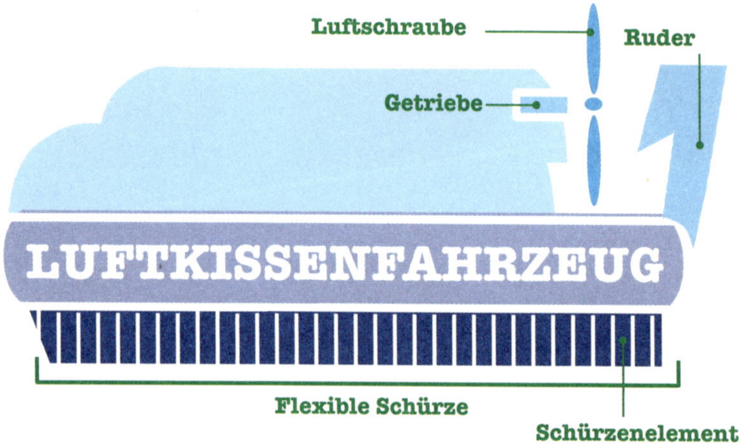
LUFTKISSENFAHRZEUG
Luftschraube
Ruder
Getriebe
Flexible Schürze
Schürzenelement

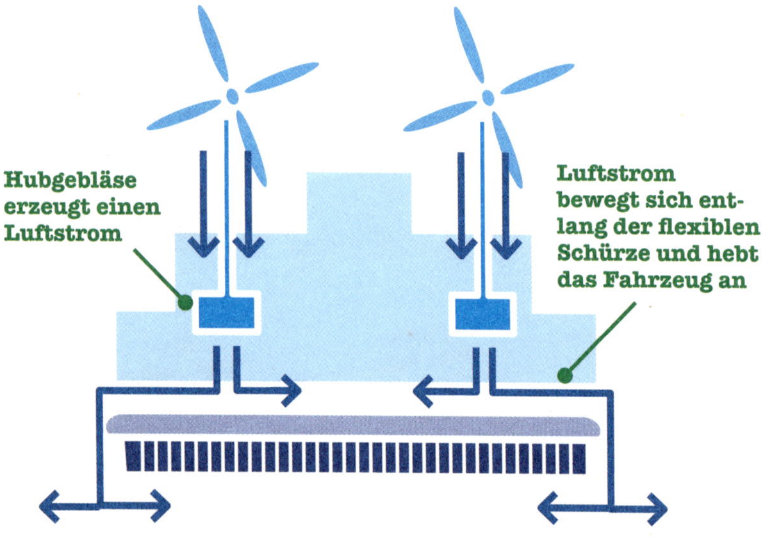
Hubgebläse erzeugt einen Luftstrom
Luftstrom bewegt sich entlang der flexiblen Schürze und hebt das Fahrzeug an

Windkraftanlage

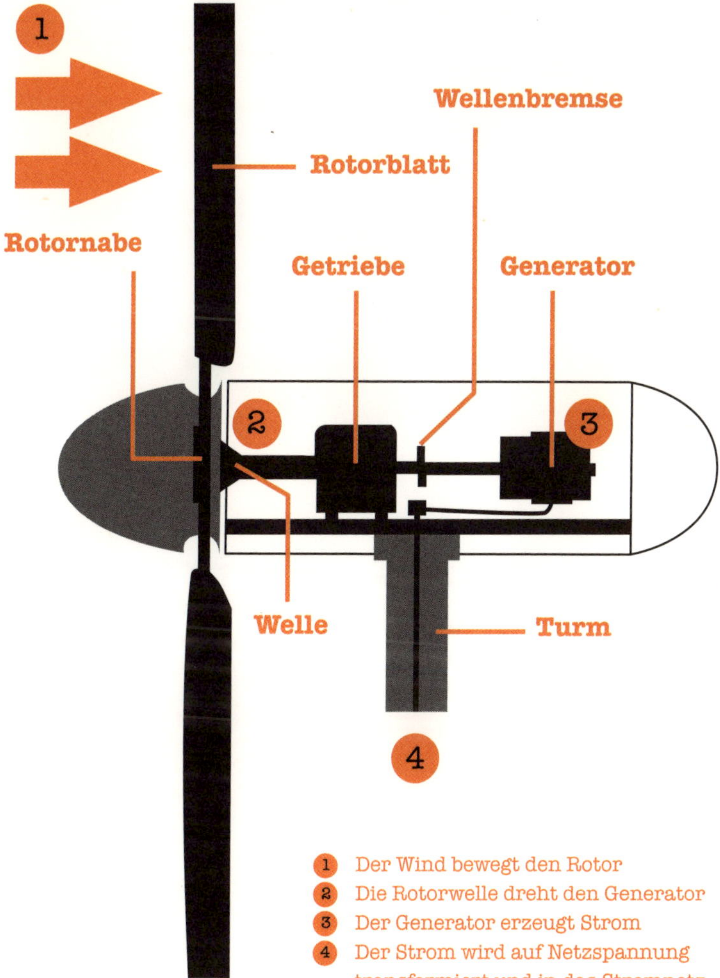

1. Der Wind bewegt den Rotor
2. Die Rotorwelle dreht den Generator
3. Der Generator erzeugt Strom
4. Der Strom wird auf Netzspannung transformiert und in das Stromnetz eingespeist

Wolken

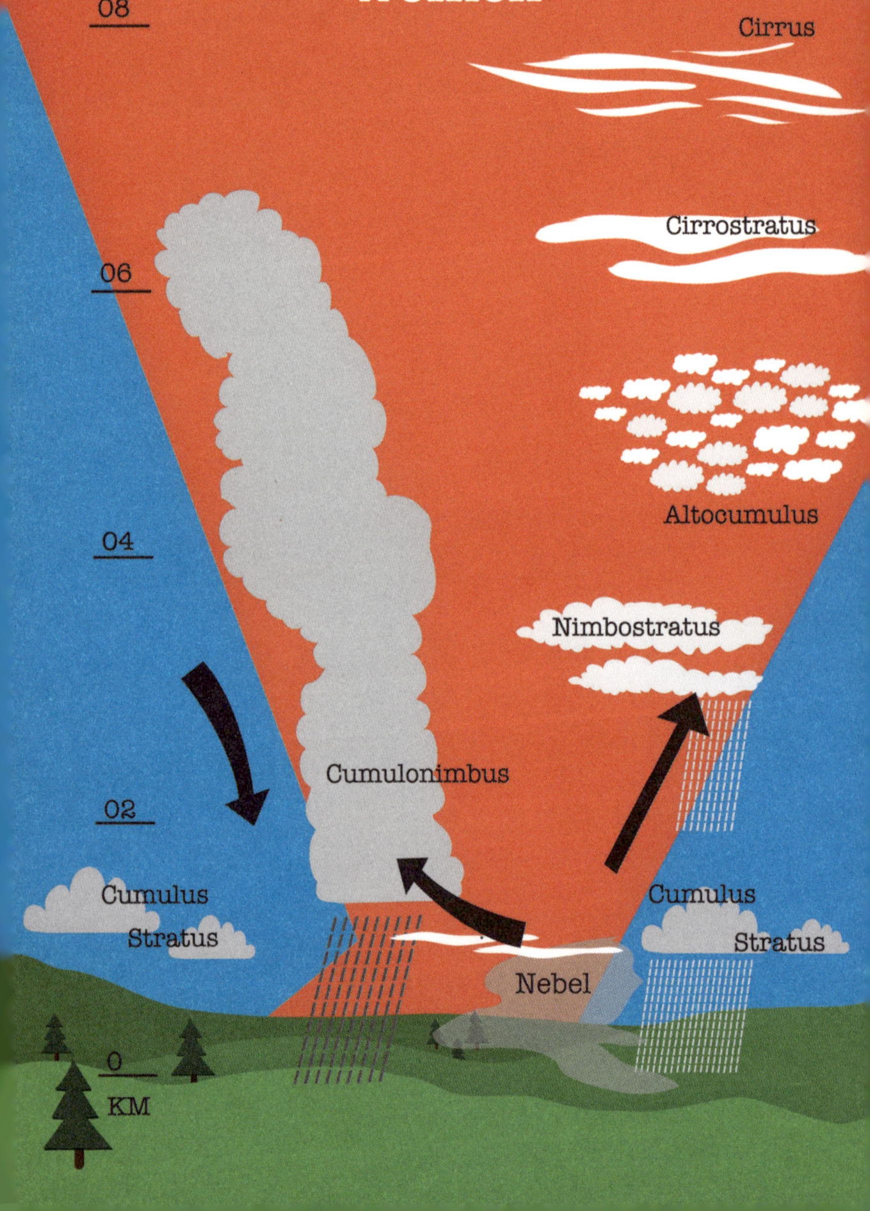

08
Cirrus
Cirrostratus
06
Altocumulus
04
Nimbostratus
Cumulonimbus
02
Cumulus
Stratus
Cumulus
Stratus
Nebel
0
KM

Regenbogen

Rentier Olaf genießt grüne Blätter in Vardø

Spektralfarben: Rot – Orange – Gelb – Grün – Blau – Indigo – Violett

Lichtgeschwindigkeit
299 792 458 m/s

Schallgeschwindigkeit
343 m/s

AKUPUNKTURPUNKTE AM OHR

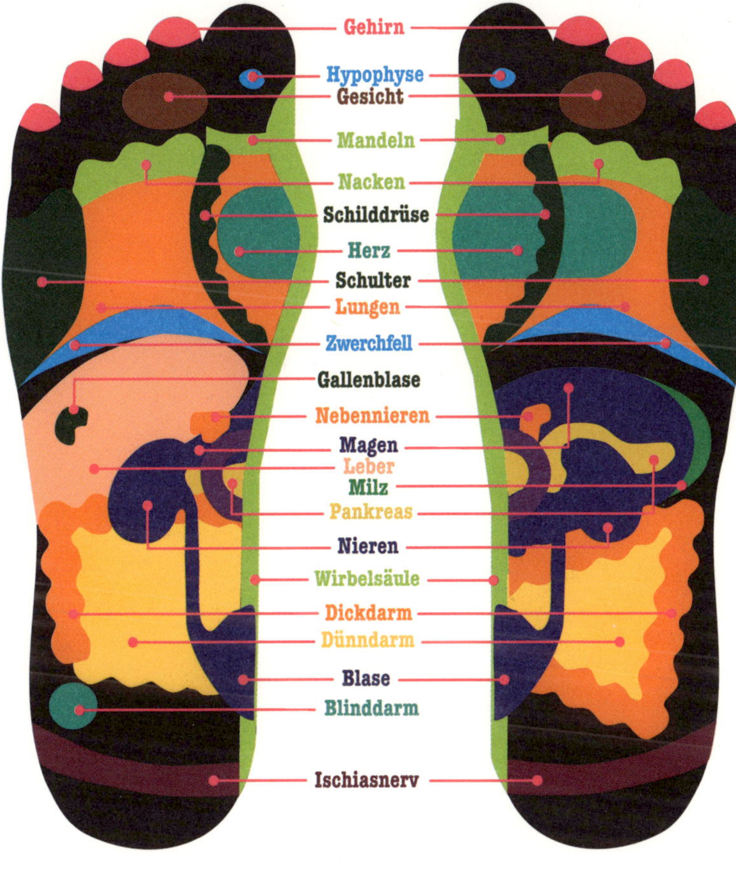

FUSSREFLEXPUNKTE

FOXTROTT

LANG LANG SEIT-SCHLUSS SEIT-SCHLUSS
LANG LANG SEIT-SCHLUSS SEIT-SCHLUSS

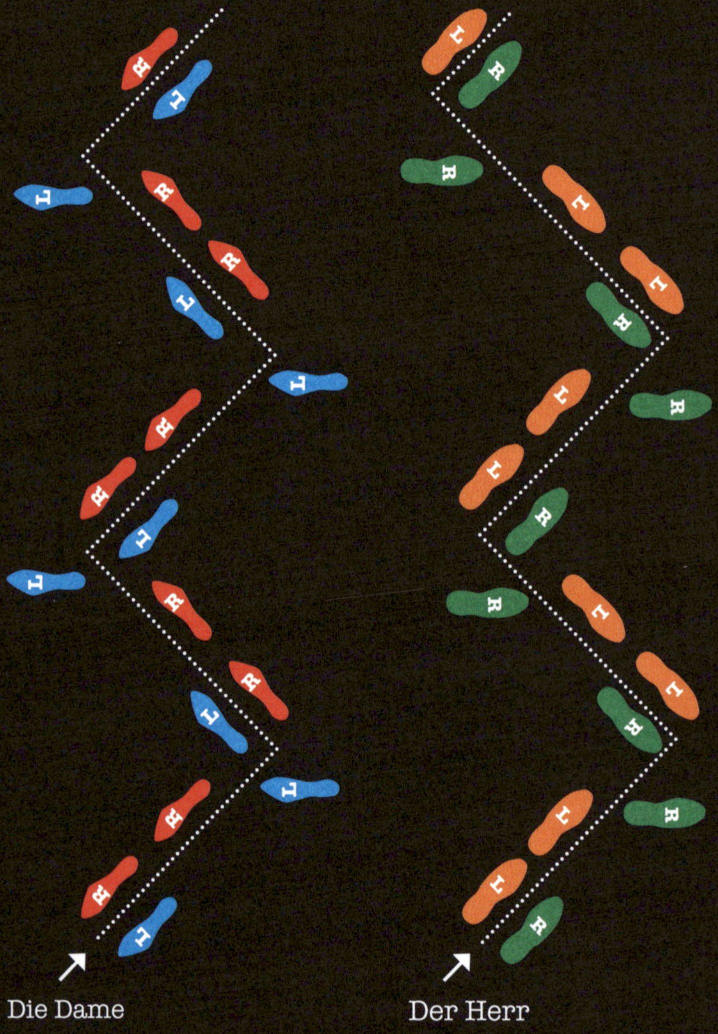

Wildspuren

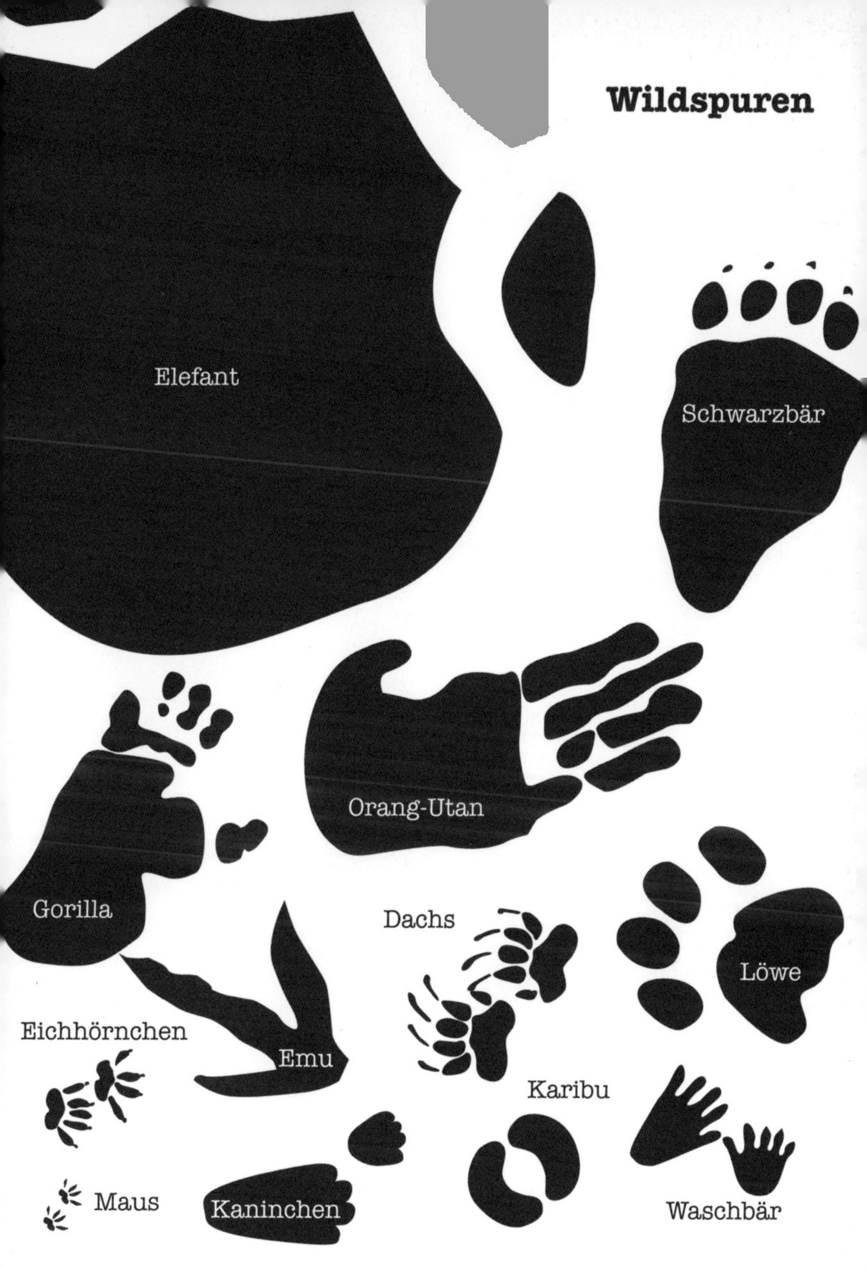
Elefant
Schwarzbär
Orang-Utan
Gorilla
Dachs
Löwe
Eichhörnchen
Emu
Karibu
Maus
Kaninchen
Waschbär

Dinosaurier

Diplodocus
Länge: bis 27 m
Höhe: bis 15 m

Brachiosaurus
Länge: bis 24 m
Höhe: bis 15 m

Triceratops
Länge: bis 8 m
Höhe: bis 3 m

Stegosaurus
Länge: bis 9 m
Höhe: bis 4 m

Pteranodon
Spannweite: bis 12 m

Tyrannosaurus
Länge: bis 12 m
Höhe: bis 6 m

Deinonychus
Länge: bis 4 m
Höhe: bis 2 m

Godzilla
Höhe: 100 m
Mr. Stay Puft
Marshmallow Man
Höhe: 40 m
King Kong
Höhe: 12,5 m
Jabba der
Hutte
Höhe 4 m

Science-Fiction-Gestalten

Atlasspinner
Länge: 250 mm
Waldameise
Länge: 10 mm
Wespe
Länge: 19 mm
Europäischer Riesenläufer
Länge: 100 mm
Libelle
Länge: 85mm
Spannweite: 120 mm

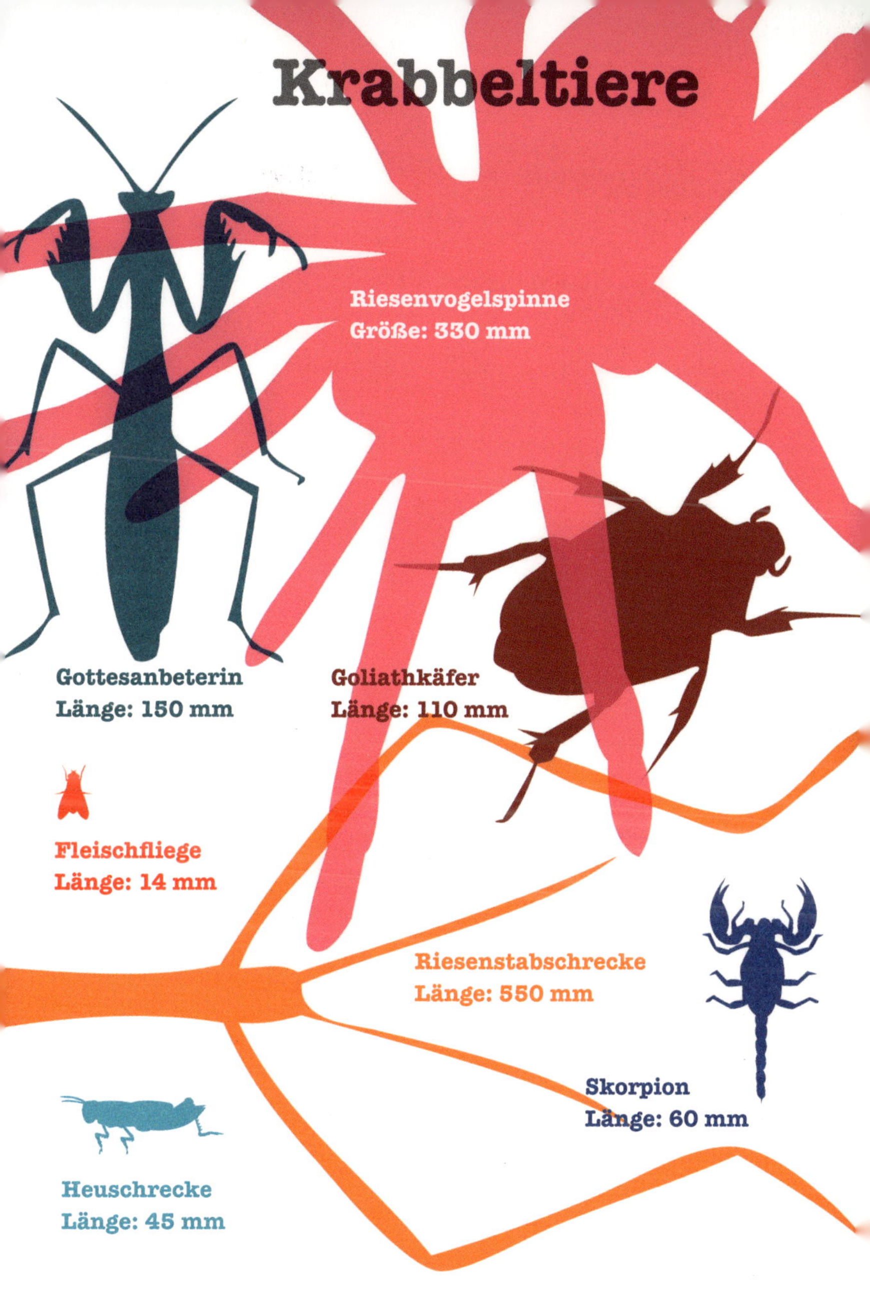
Krabbeltiere
Riesenvogelspinne
Größe: 330 mm
Gottesanbeterin
Länge: 150 mm
Goliathkäfer
Länge: 110 mm
Fleischfliege
Länge: 14 mm
Riesenstabschrecke
Länge: 550 mm
Skorpion
Länge: 60 mm
Heuschrecke
Länge: 45 mm

BEATLES

1960

Aus den »Quarry Men« werden die »Beatles«, benannt nach einer Gang aus dem Film *The Wild One*.
Die Beatles treten im Hamburger Indra Club auf.

1961

Die Band tritt erstmals im Cavern Club auf.
Brian Epstein bietet sich an, die Beatles zu managen.

1962

Decca verweigert einen Plattenvertrag.
Stuart Sutcliffe stirbt in Hamburg an Gehirnblutung.
Schlagzeuger Pete Best durch Ringo Starr ersetzt.
Erster TV-Auftritt *People and Places*.

First single – Love Me Do

1963

Das in nur 12 Stunden entstandene Album *Please Please Me* wird 1 Million Mal verkauft.
Auftritt vor 15 Millionen in *Sunday Night at the Palladium*.
With the Beatles verdrängt *Please Please Me* vom 1. Platz.

Please Please Me
Ask Me Why
With The Beatles
All My Loving

1964

New York: Beatlemania erfasst die USA.
Plätze 1–5 in den US-Charts.
Nominierung für den Grammy als beste Nachwuchsband.
The Ed Sullivan Show vor 73 Millionen Zuschauern.
A Hard Days Night Nummer-eins in UK und USA als Single, LP und Film.

A Hard Day's Night
Can't Buy Me Love
A Hard's Day Night
Beatles for Sale
Eight Days A Week
Rock And Roll Music

1965

Der Film *Help* Nummer eins in UK und USA.
Verleihung des Order of the British Empire.

Rubber Soul
Nowhere Man
Help!
Ticket To Ride
Yesterday

1966

Lennon sagt, die Beatles seien größer als Jesus.
Beatles eröffentlichen das Album *Revolver*.
Letzte Welttournee beginnt in Deutschland.
Gerüchte, Paul sei bei einem Unfall umgekommen.
Drei Grammys gewonnen.
200 Millionen LPs weltweit verkauft.

Revolver
Eleanor Rigby
Yellow Submarine

1967

Das Album *Sgt. Pepper's Lonely Hearts Club Band* erscheint.
Vier Grammys gewonnen.
Brian Epstein stirbt an Überdosis.
Hey Jude wird zum größten Beatles-Hit.

Sgt. Pepper's Lonely Hearts Club
With A Little Help From My Friends
A Day In The Life
Magical Mystery Tour
All You Need Is Love
Penny Lane

1968

Das »Weiße Album« stürmt die Charts. Es gibt daraus keine Single-Auskopplung.
Abbey Road Album Nummer eins in UK und den USA.
Lennon trennt sich von der Gruppe, ohne dass dies publik gemacht wurde.

The Beatles (white album)
Back In The U.S.S.R
Whilst My Guitar Gently Weeps
Helter Skelter

1969

John und Yoko halten ihre »Bed-Ins« ab.
Letzter gemeinsamer Auftritt auf dem Dach der Apple-Studios.

Abbey Road
Something
Here Comes The Sun

1970

Let it Be Nummer eins in UK und den USA..
McCartney gibt die Trennung bekannt

Yellow Submarine
All You Need Is Love
Let It Be
Let It Be
The Long And Winding Road

1971

ROLLING STONES

1960

1961

1962

Jones organisiert die erste Probe.

Erster Auftritt im Marquee Club.

1963

Achtmonatiges Engagement im Crawdaddy Club.

First single – Come On

Plattenvertrag mit Decca Records.

England's Newest Hit Makers

Erste England-Tournee.

1964

Not Fade Away
Walking the Dog
12x5, 1964
Time Is on My Side
It's All Over Now

Erste USA-Tournee.

1965

The Rolling Stones, Now!
Little Red Rooster
Out of Our Heads
Heart of Stone
December's Children (& Everybody's)

Satisfaction steigt auf den ersten Platz der britischen Charts.

Out Of Our wird erste Platin-Schallplatte der Stones.

1966

As Tears Go By
Got LIVE If You Want It
Get Off My Cloud
The Last Time
Aftermath

Mit *Aftermath* veröffentlichen die Stones ihr erstes Album ausschließlich mit Eigenkompositionen.

Prozesse und Verurteilungen wegen Verstößen gegen das Drogengesetz.

1967

Paint It Black
Between The Buttons
Ruby Tuesday
Their Satanic Majesties Request

Europatournee.

1968

2000 Light Years From Home
Beggars Banquet
Sympathy for The Devil
Street Fighting Man

Their Satanic Majesties Request als Schweinerei verrissen.

TV-Show *Rolling Stones Rock and Roll Circus* in London aufgezeichnet.

1969

Let It Bleed
Gimme Shelter
Midnight Rambler
You Can't Always Get What You Want

Brian Jones kündigt die Trennung von der Gruppe an und wird durch Mick Taylor ersetzt.

Jones wird in seinem Pool tot aufgefunden.

RIP

1970

Get Yer Ya-Ya's Out
Jumpin' Jack Flash
Honky Tonk Women

Stones-Fan wird bei einem Konzert in Amerika von einem Mitglied der Hells Angels erstochen.

1971

Sticky Fingers
Brown Sugar
Wild Horses

Stones gründen ihr eigenes Plattenlabel »Rolling Stones Records« und veröffentlichen *Sticky Fingers*.

Mick Taylor verlässt die Gruppe und wird durch Ron Wood ersetzt.

Diamanten

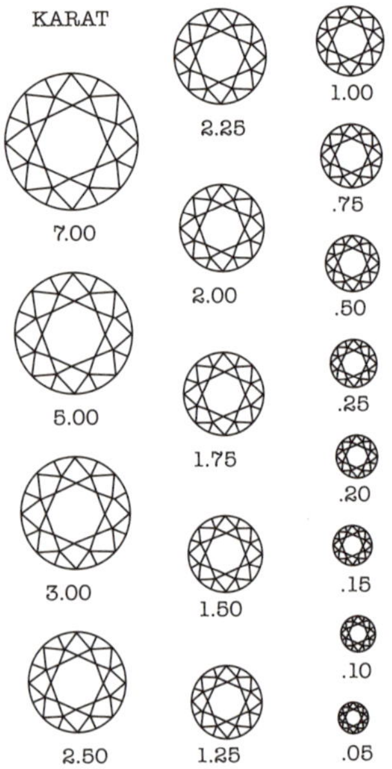
KARAT
7.00
5.00
3.00
2.50
2.25
2.00
1.75
1.50
1.25
1.00
.75
.50
.25
.20
.15
.10
.05

Zu flach
Perfekt
Zu tief

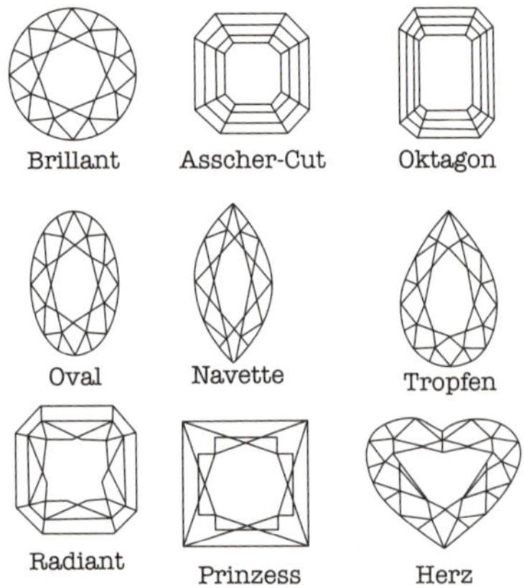
Brillant
Asscher-Cut
Oktagon
Oval
Navette
Tropfen
Radiant
Prinzess
Herz

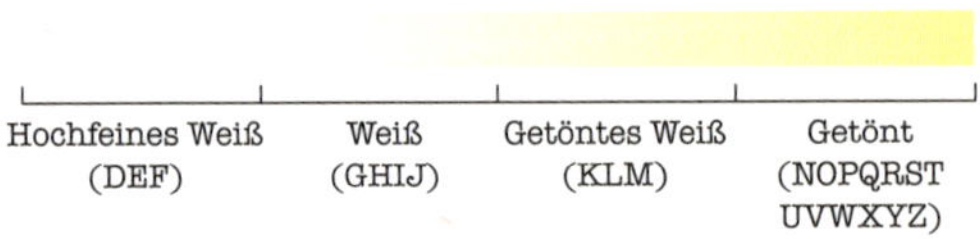
Hochfeines Weiß (DEF)
Weiß (GHIJ)
Getöntes Weiß (KLM)
Getönt (NOPQRST UVWXYZ)

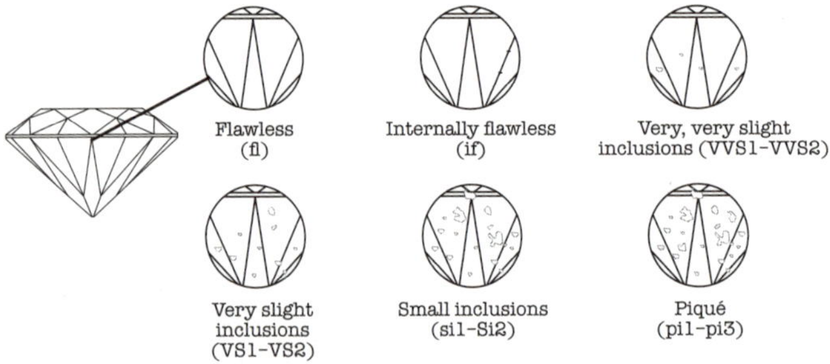
Flawless (fl)
Internally flawless (if)
Very, very slight inclusions (VVS1-VVS2)
Very slight inclusions (VS1-VS2)
Small inclusions (si1-Si2)
Piqué (pi1-pi3)

Kohlenstoff

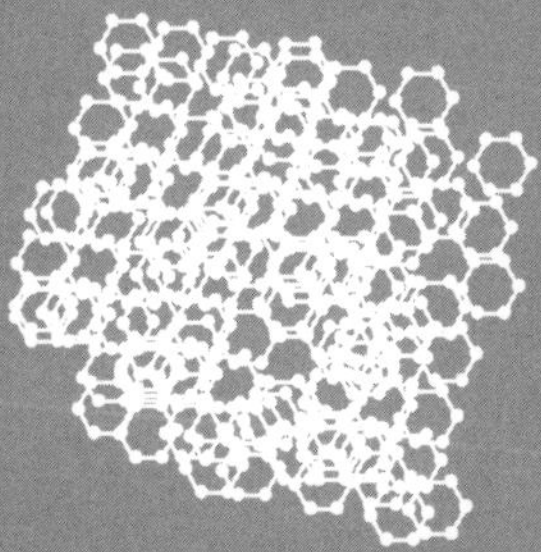

Diamant

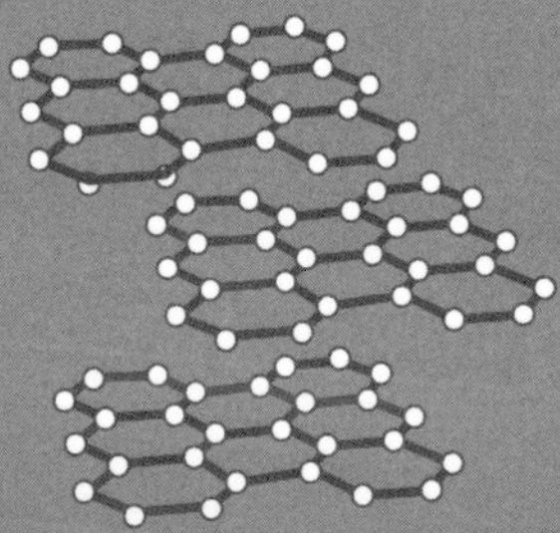

Graphit

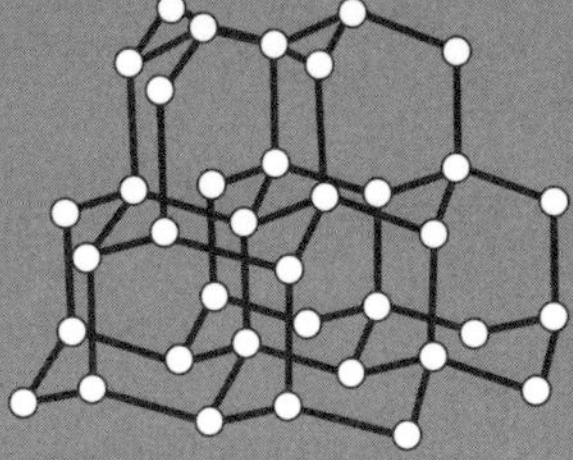

Kohle

ERDGESCHICHTE

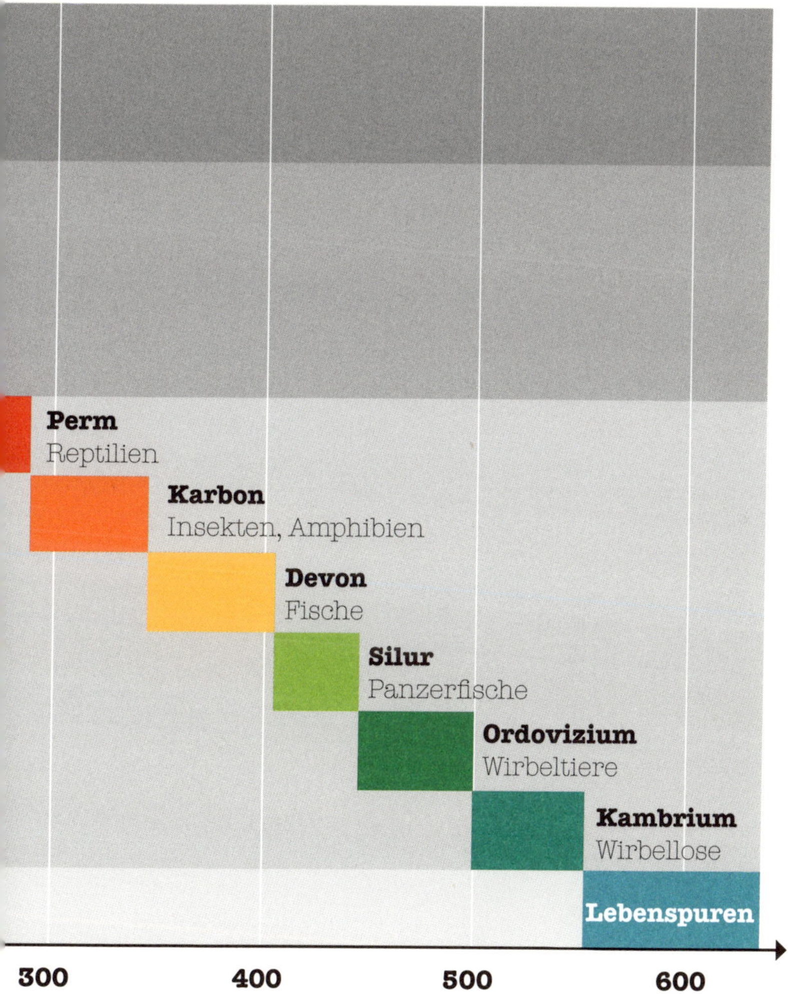
Perm
Reptilien
Karbon
Insekten, Amphibien
Devon
Fische
Silur
Panzerfische
Ordovizium
Wirbeltiere
Kambrium
Wirbellose
Lebenspuren
300
400
500
600

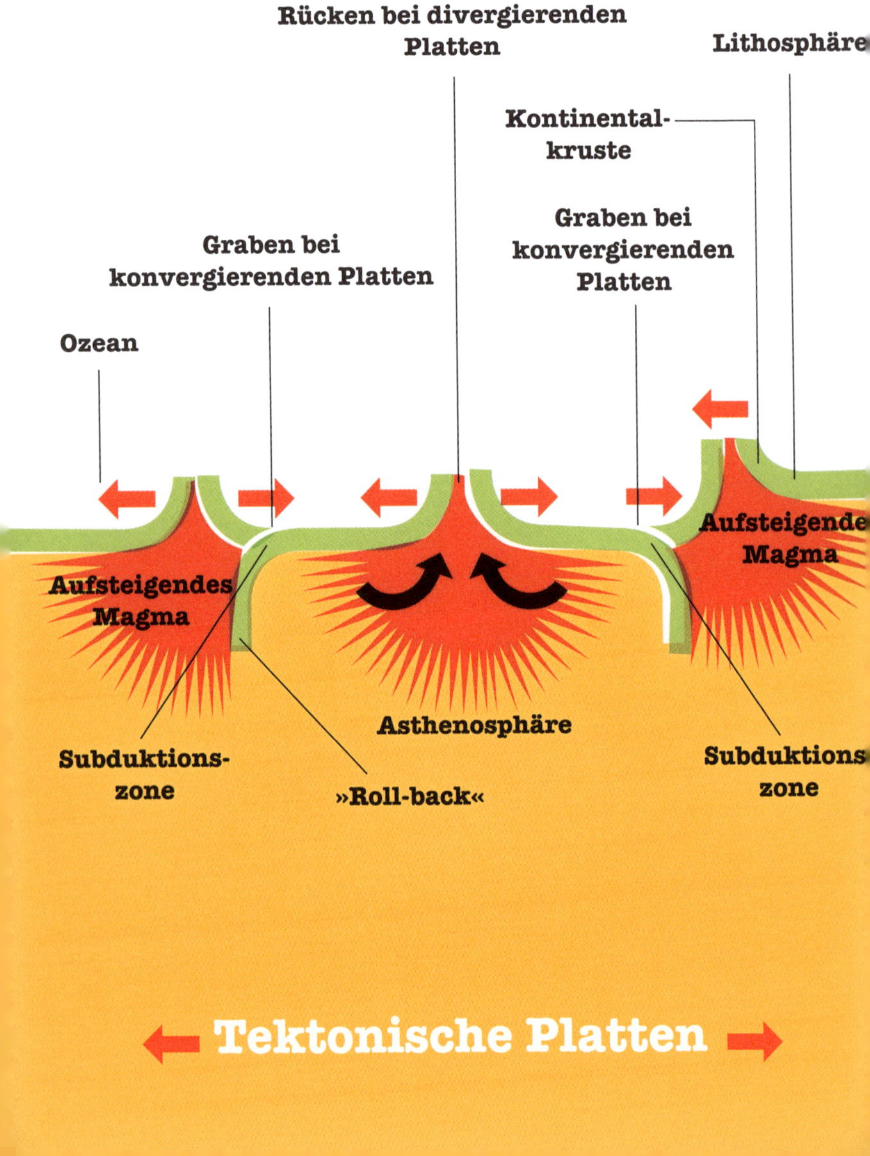
Rücken bei divergierenden Platten
Lithosphäre
Kontinental-kruste
Graben bei konvergierenden Platten
Graben bei konvergierenden Platten
Ozean
Aufsteigendes Magma
Aufsteigende Magma
Asthenosphäre
Subduktions-zone
»Roll-back«
Subduktions zone
Tektonische Platten

Vulkan

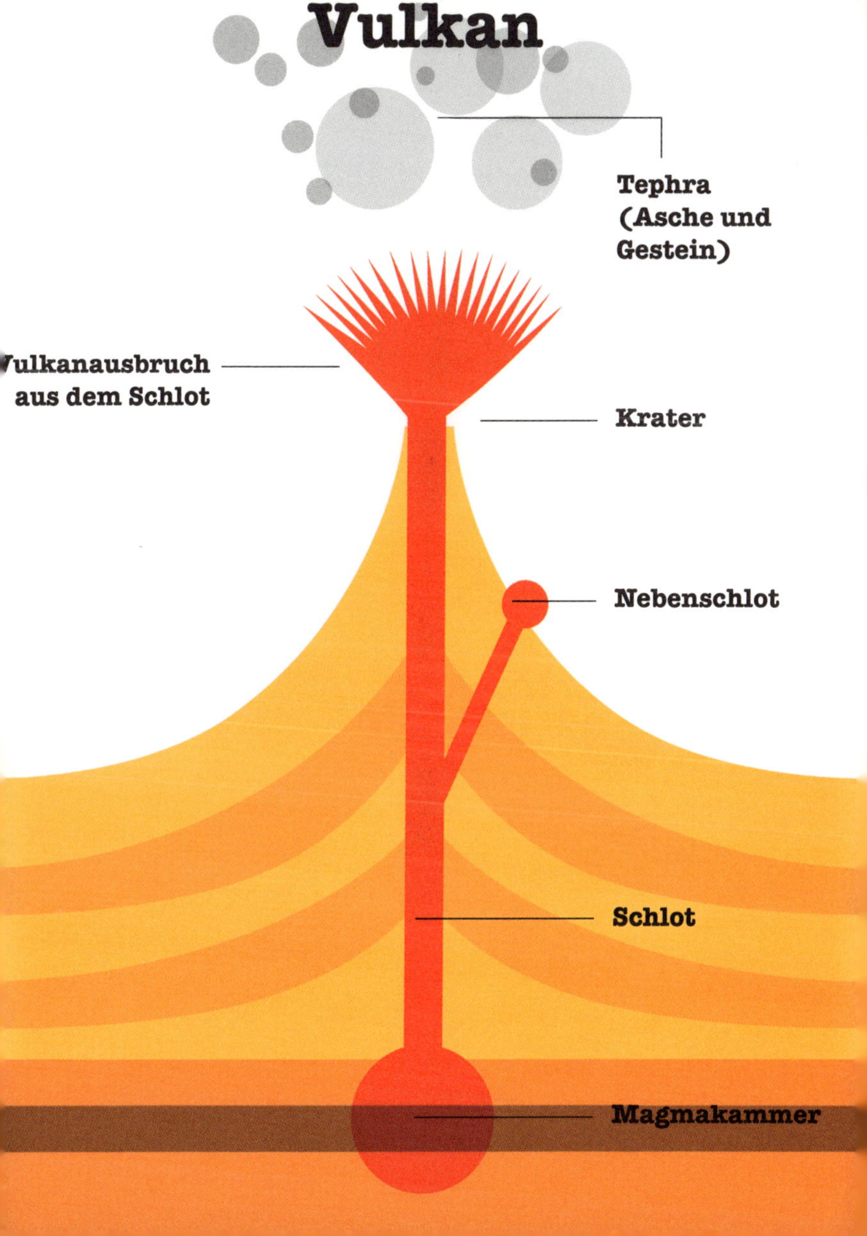

Tephra
(Asche und
Gestein)
Vulkanausbruch
aus dem Schlot
Krater
Nebenschlot
Schlot
Magmakammer

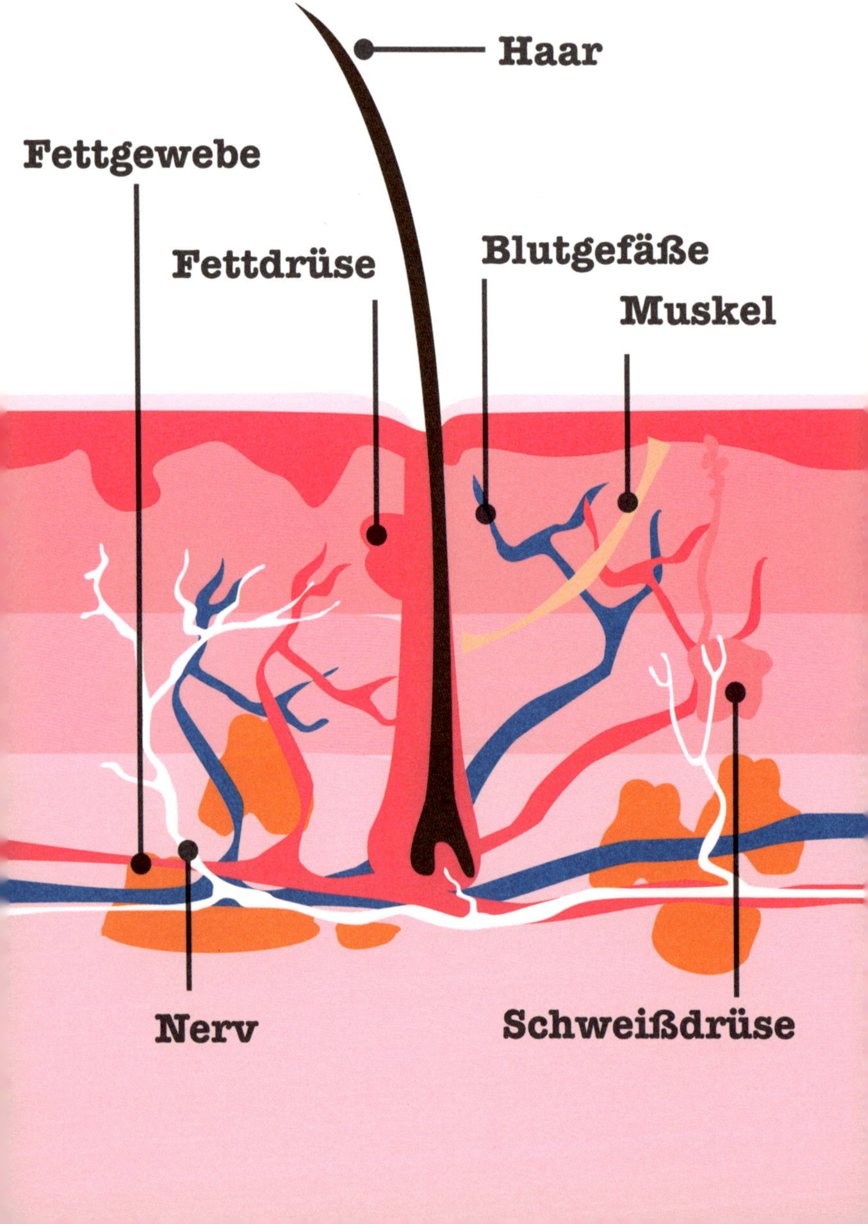
Haar
Fettgewebe
Fettdrüse
Blutgefäße
Muskel
Nerv
Schweißdrüse

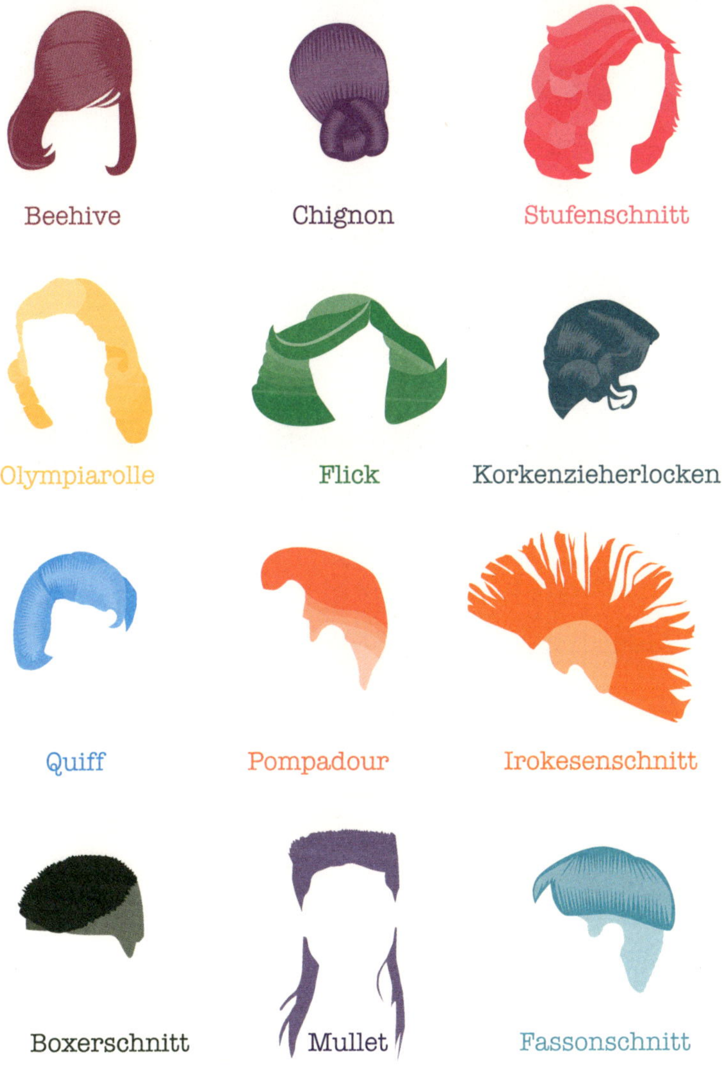
Beehive
Chignon
Stufenschnitt
Olympiarolle
Flick
Korkenzieherlocken
Quiff
Pompadour
Irokesenschnitt
Boxerschnitt
Mullet
Fassonschnitt

Frisuren

Kreissäge
Porkpie
Bowler
Fedora
Homburg
Trilby
Topfhut
Pillbox
Cocktail
Ballon-
mütze
Wagenrad
Breton

Hüte

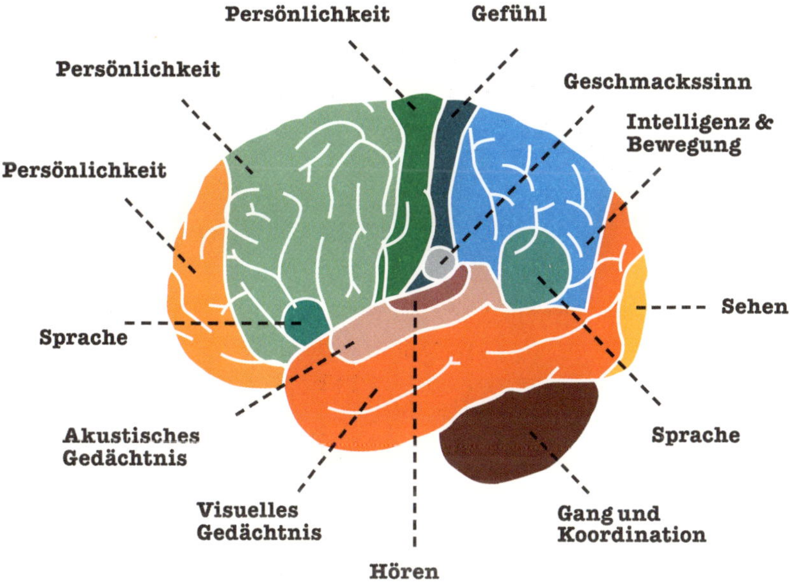
Persönlichkeit
Gefühl
Persönlichkeit
Geschmackssinn
Intelligenz &
Bewegung
Persönlichkeit
Sehen
Sprache
Sprache
Akustisches
Gedächtnis
Visuelles
Gedächtnis
Gang und
Koordination
Hören

Gehirn

Das Nervensystem

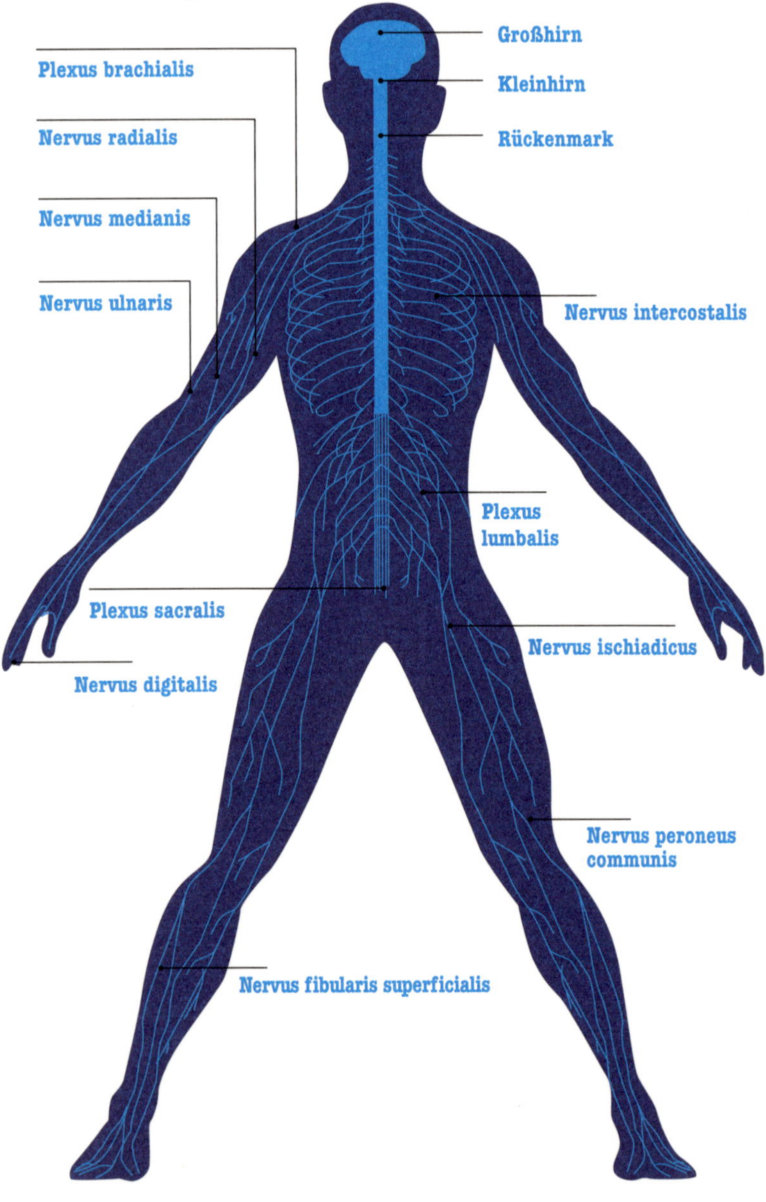

Flüsse Südamerikas

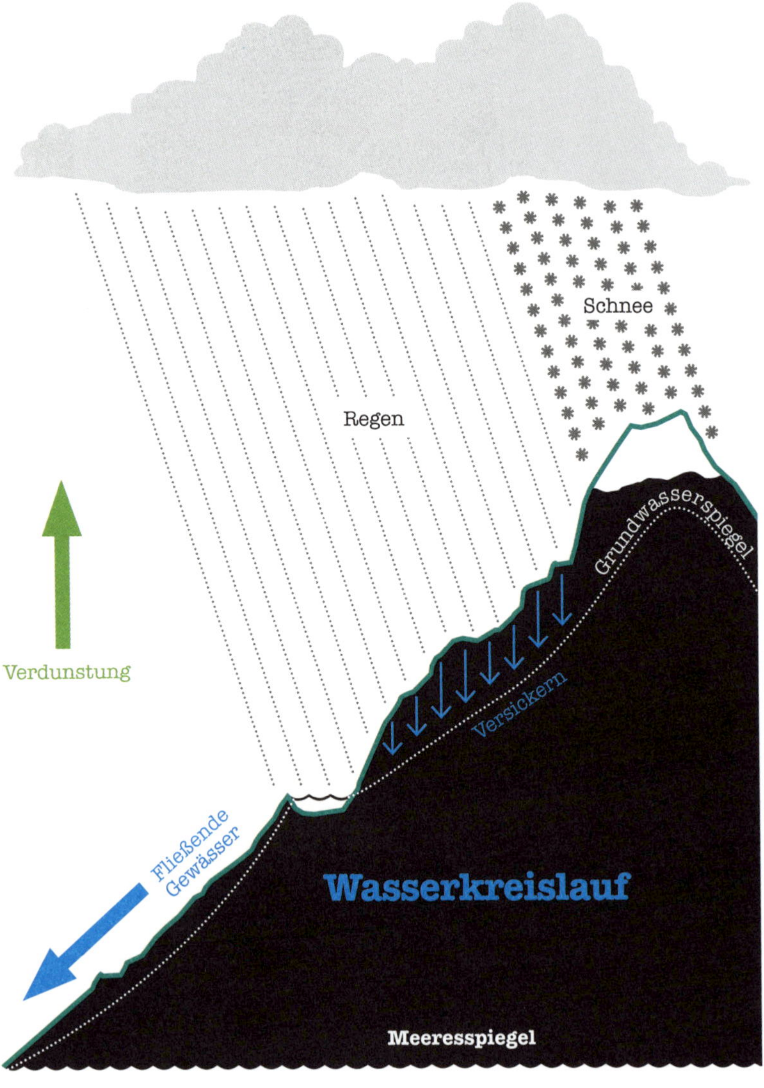
Schnee
Regen
Verdunstung
Grundwasserspiegel
Versickern
Fließende Gewässer
Wasserkreislauf
Meeresspiegel

Mount Everest, 8848 m, Nepal/Tibet
K2, 8611 m, Pakistan/China
Aconcagua, 6962 m, Argentinen
Huascaran, 6768 m, Peru
Mount Logan, 5959 m, Kanada
Kilimandscharo, 5895 m, Tansania
Elbrus, 5642 m, Russland
Mont Blanc, 4808 m, Frankreich/Italien
Kinabalu, 4093 m, Malaysia
Pico del Águila, 3894 m, Mexico City
Gunnbjørn, 3700 m, Grönland
Emi Koussi, 3415 m, Tschad
Ätna, 3263 m, Italien
Apo, 2954 m, Philippinen
Moco, 2610 m, Angola
Galdhøpiggen, 2469 m, Norwegen
Hallasan, 1950 m, Südkorea
Ben Nevis, 1344 m, Schottland
Vesuv, 1270 m, Italien
Berge
Europa
Afrika
Asien
Nordamerika
Südamerika
Meeres-
spiegel

Gebäude

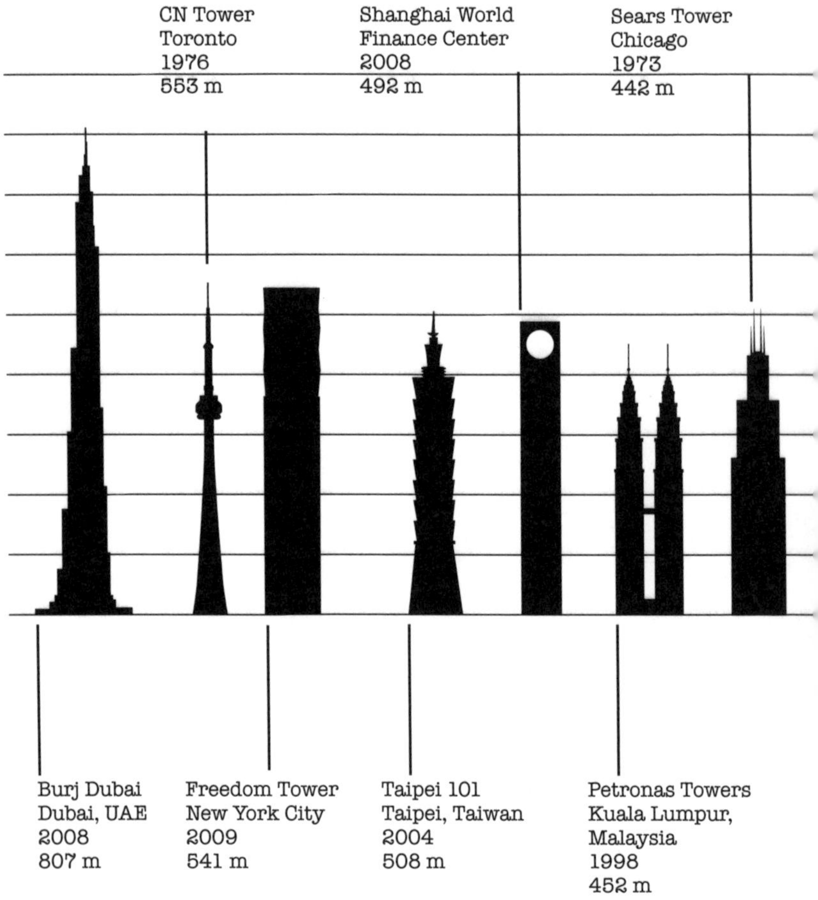
CN Tower
Toronto
1976
553 m
Shanghai World
Finance Center
2008
492 m
Sears Tower
Chicago
1973
442 m
Burj Dubai
Dubai, UAE
2008
807 m
Freedom Tower
New York City
2009
541 m
Taipei 101
Taipei, Taiwan
2004
508 m
Petronas Towers
Kuala Lumpur,
Malaysia
1998
452 m

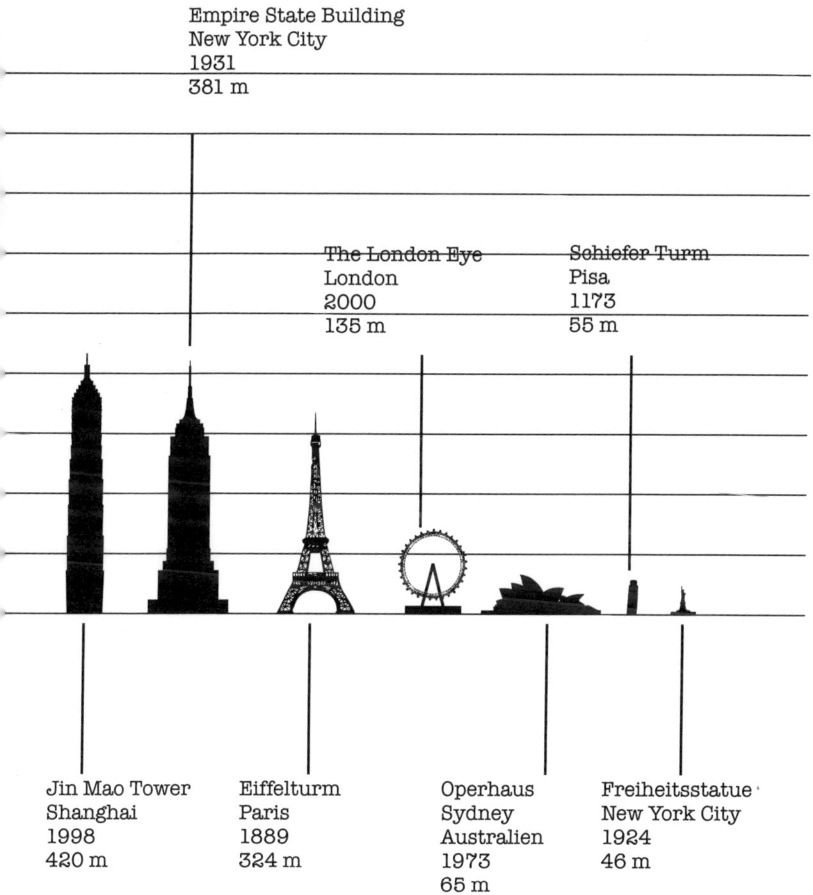
Empire State Building
New York City
1931
381 m
The London Eye
London
2000
135 m
Schiefer Turm
Pisa
1173
55 m
Jin Mao Tower
Shanghai
1998
420 m
Eiffelturm
Paris
1889
324 m
Operhaus
Sydney
Australien
1973
65 m
Freiheitsstatue
New York City
1924
46 m

Gotik

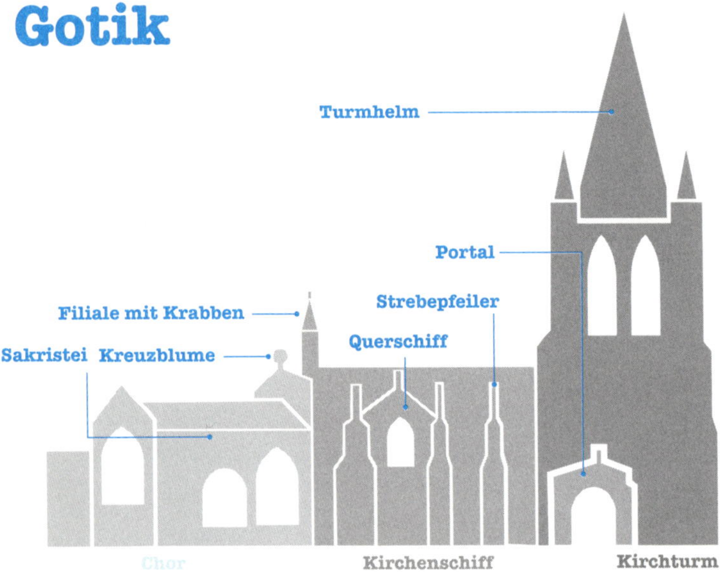

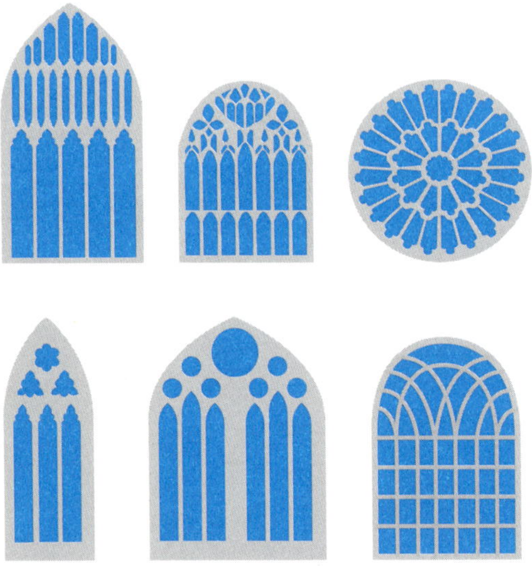

Gotisches Maßwerk

Klassische Architektur

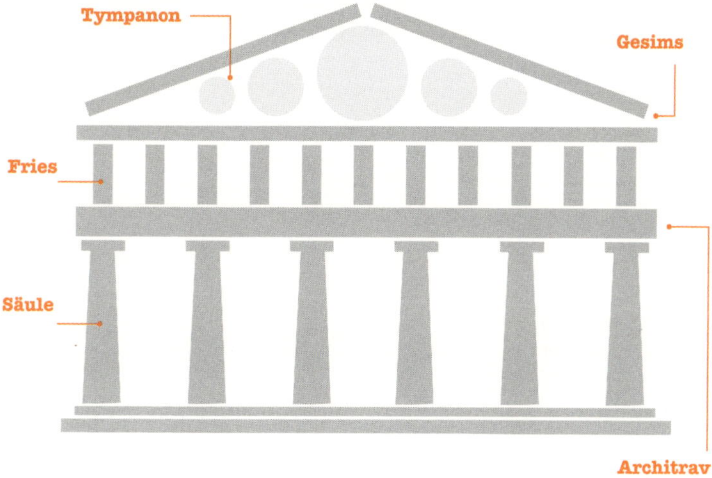

Griechische Götter	Römische Götter
Zeus	Jupiter
Hera	Juno
Poseidon	Neptun
Hades	Pluto
Apollon	Apollo
Dionysos	Bacchus
Demeter	Ceres
Eros	Amor
Artemis	Diana
Ares	Mars
Hermes	Merkur
Pallas Athene	Minerva
Kronos	Saturn
Aphrodite	Venus
Hestia	Vesta
Hephaistos	Vulkan
Gaia	Terra
Uranos	Uranus
Asklepios	Aesculapius
Hypnos	Somnus
Nike	Victoria

.... **Göttervater**

.... **Ehe und Niederkunft**

.... **Gott des Meeres**

.... **Totengott**

.... **Sonnengott**

.... **Gott des Weines**

.... **Göttin der Fruchtbarkeit**

.... **Liebesgott**

.... **Göttin der Jagd**

.... **Kriegsgott**

.... **Götterbote**

.... **Göttin der Weisheit**

.... **Vater des Zeus**

.... **Liebesgöttin**

.... **Hüterin des Herdes**

.... **Gott des Feuers/der Schmiede**

.... **Erdmutter**

.... **Gott des Himmels**

.... **Gott der Heilkunst**

.... **Gott des Schlafes**

.... **Siegesgöttin**

Satz des Pythagoras

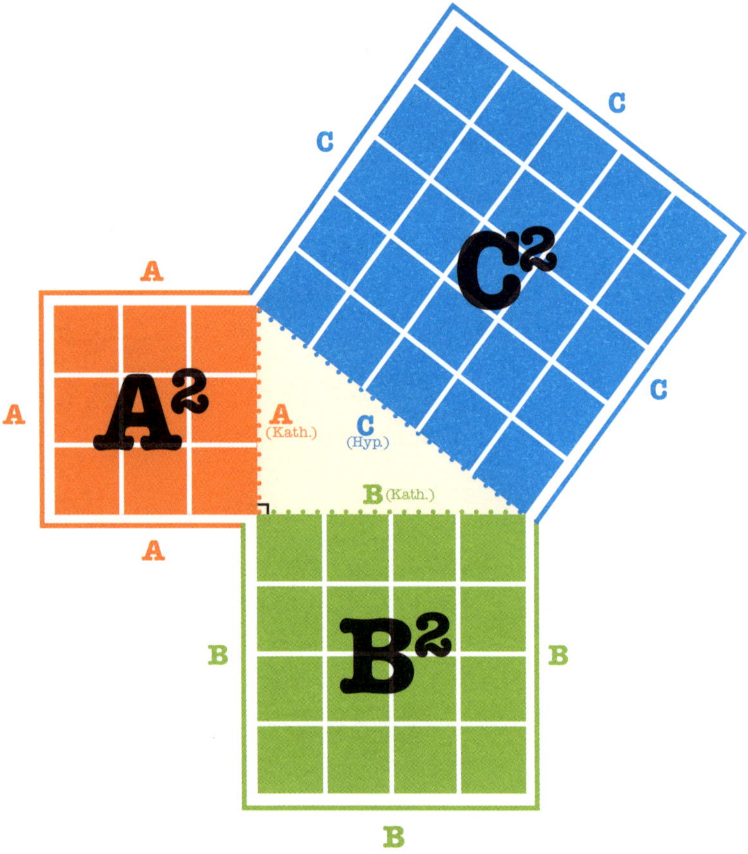

$$A^2 + B^2 = C^2$$

($C^2 - B^2 = A^2$) (Kath. + Kath. = Hyp.)

($C^2 - A^2 = B^2$)

Kreisformeln

$$\pi = 3{,}141592...$$

$$U = 2R \times \pi$$

$$D = 2R$$

$$\text{Kreisfläche} = \pi \times R^2$$

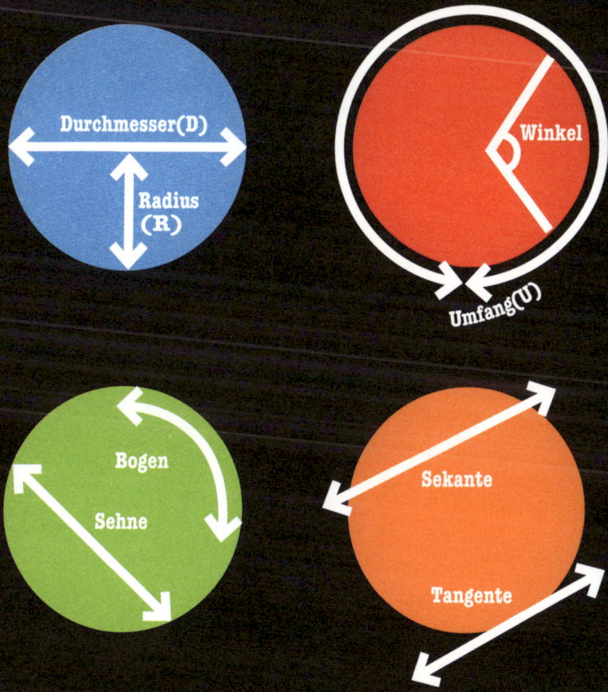

Maßeinheiten

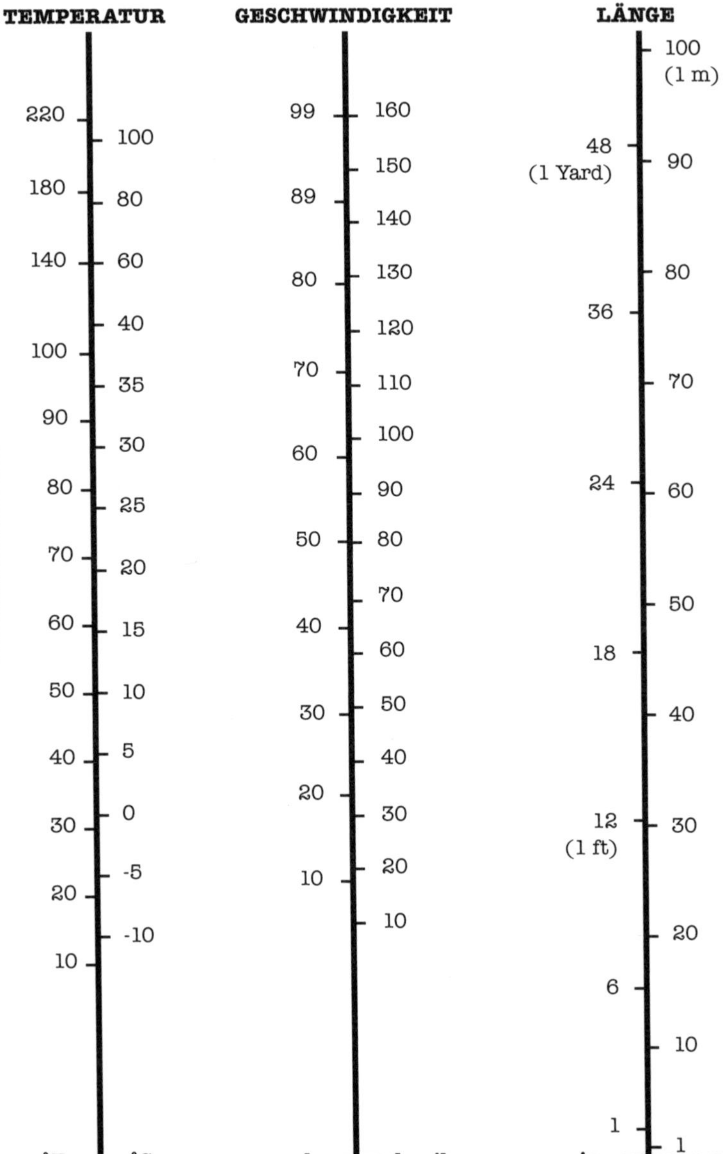

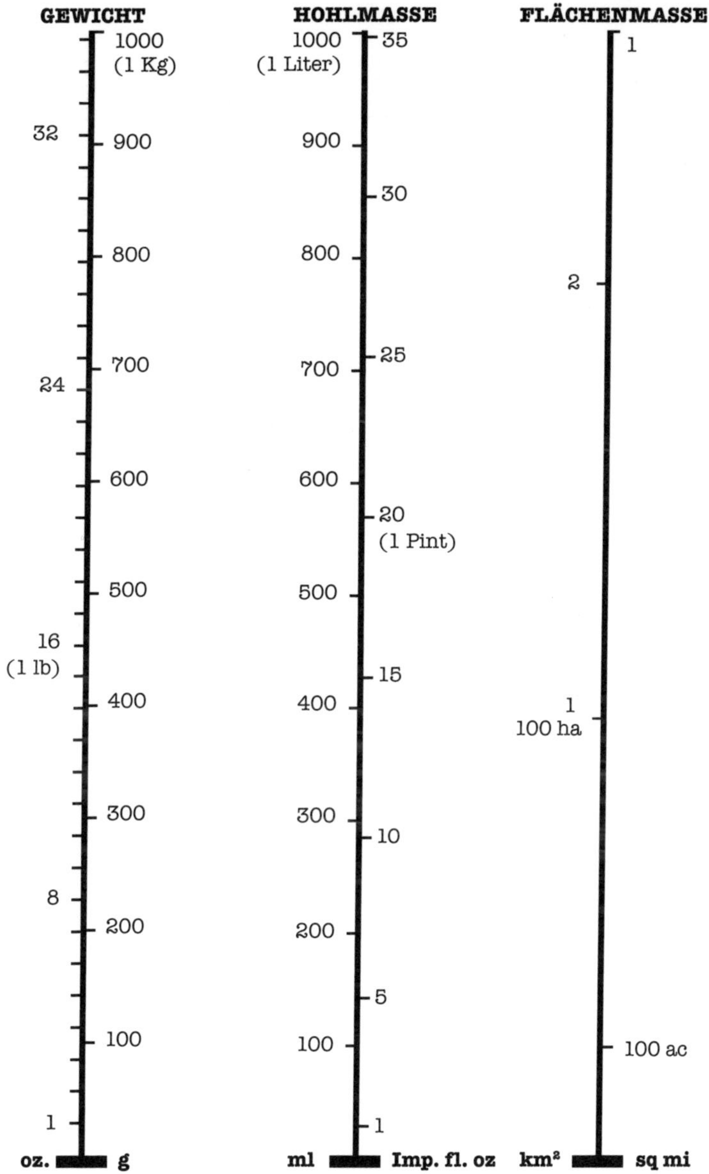

GEWICHT
1000
(1 Kg)
32
900
800
700
24
600
500
16
(1 lb)
400
300
8
200
100
1
oz.
g
HOHLMASSE
1000
(1 Liter)
35
900
30
800
25
700
600
20
(1 Pint)
500
15
400
300
10
200
5
100
1
ml
Imp. fl. oz
FLÄCHENMASSE
1
2
1
100 ha
100 ac
km²
sq mi

Flugzeiten

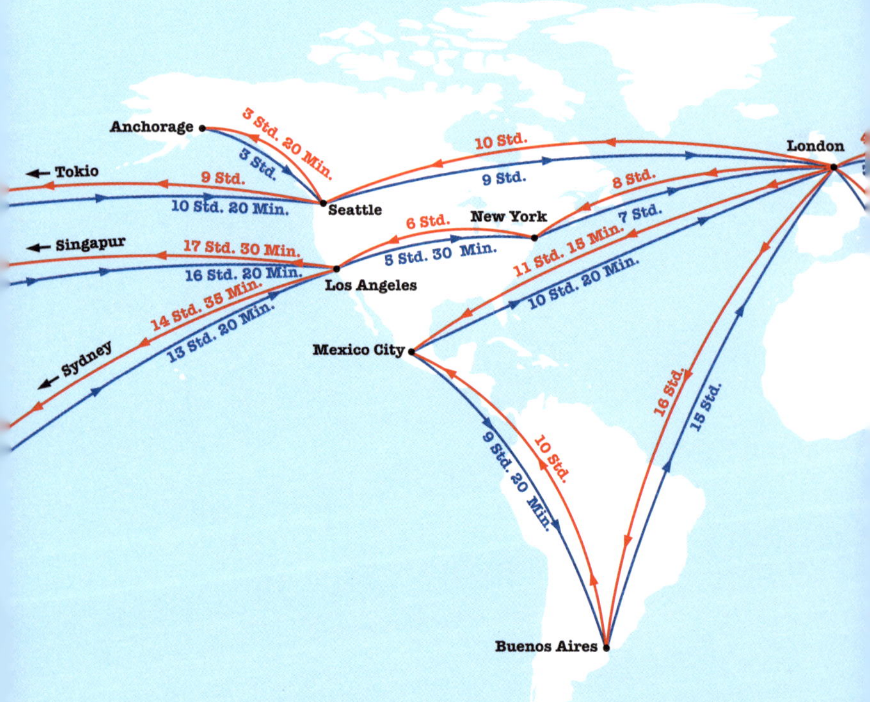

Anchorage
3 Std. 20 Min.
3 Std.
Tokio
9 Std.
10 Std. 20 Min.
Seattle
10 Std.
9 Std.
London
8 Std.
New York
6 Std.
5 Std. 30 Min.
7 Std.
Singapur
17 Std. 30 Min.
16 Std. 20 Min.
Los Angeles
11 Std. 15 Min.
10 Std. 20 Min.
14 Std. 35 Min.
13 Std. 20 Min.
Sydney
Mexico City
9 Std. 20 Min.
10 Std.
16 Std.
15 Std.
Buenos Aires

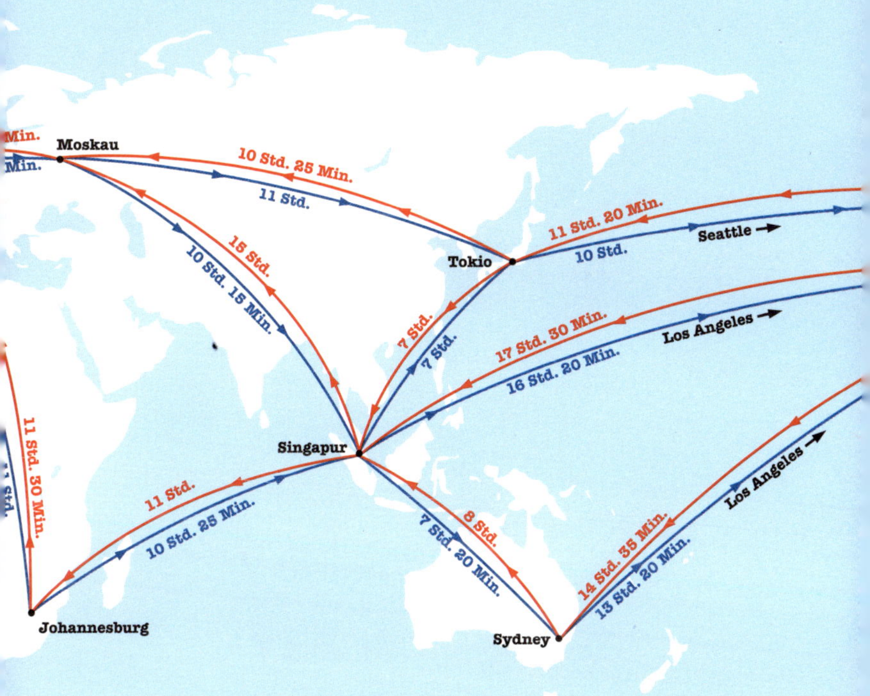

Min.
Min.
Moskau
10 Std. 25 Min.
11 Std.
15 Std.
10 Std. 15 Min.
Tokio
11 Std. 20 Min.
10 Std.
Seattle →
7 Std.
7 Std.
17 Std. 30 Min.
16 Std. 20 Min.
Los Angeles →
Singapur
11 Std. 30 Min.
11 Std.
10 Std. 25 Min.
8 Std.
7 Std. 20 Min.
14 Std. 35 Min.
13 Std. 20 Min.
Los Angeles →
Johannesburg
Sydney

Zeitzonen

GMT
-10
-9
-8
-7
-6
-5
-4
-3
-2
-1
0
Anchorage
Vancouver
Los Angeles
Honolulu
Mexico City
Chicago
Ottawa
New York
Kingston
Panama City
Lima
Rio de Janeiro
Buenos Aires
Reykjavik
Dublin
London
Paris
Madrid
Rabat

+2
+3
+4
+5
+6
+7
+8
+9
+10
+11
+12
Helsinki
Moskau
rlin
n
Ankara
Athen
Jerusalem
Kairo
Kuwait
Maskat
Neu-Delhi
Peking
Seoul
Tokio
Hongkong
Taipeh
Bangkok
Manila
Colombo
Bandar Seri Begawan
Singapur
Nairobi
Jakarta
Suva
Johannesburg
Perth
Sydney
Canberra
Wellington

Einmaleins

	1	2	3	4	5	6	7	8	9	10	11	12
1	1	2	3	4	5	6	7	8	9	10	11	12
2	2	4	6	8	10	12	14	16	18	20	22	24
3	3	6	9	12	15	18	21	24	27	30	33	36
4	4	8	12	16	20	24	28	32	36	40	44	48
5	5	10	15	20	25	30	35	40	45	50	55	60
6	6	12	18	24	30	36	42	48	54	60	66	72
7	7	14	21	28	35	42	49	56	63	70	77	84
8	8	16	24	32	40	48	56	64	72	80	88	96
9	9	18	27	36	45	54	63	72	81	90	99	108
10	10	20	30	40	50	60	70	80	90	100	110	120
11	11	22	33	44	55	66	77	88	99	110	121	132
12	12	24	36	48	60	72	84	96	108	120	132	144

Quadratzahlen

Klassisches Gedeck

Vorspeisengabel
Menügabel
Fischgabel

BROT-TELLER
Brot+Messer

PLATZTELLER
Serviette

Dessertgabel
Dessertlöffel

Menümesser
Fischmesser
Vorspeisenmesser
Menülöffel

Wasserglas
Rotweinglas
Weißweinglas
Champagnerflöte

Schach

Heinrich VIII.

1491–1547

Regierungszeit: 1509–1547

Ehefrauen

Katharina von Aragón	Anne Boleyn	Jane Seymour	Anna von Kleve	Catherine Howard	Catherine Parr
(1) geschieden	(2) geköpft	(3) verstorben	(4) verstoßen	(5) geköpft	(6) überlebt
Königin: 1509–1533	Königin: 1533–1536	Königin: 1536–1537	Königin: 1540	Königin: 1540–1542	Königin: 1543–1547

Kinder

Maria I. Tudor[1]	Elisabeth I.[2]	Edward VI.[3]
Regierungszeit: 1553–1558	Regierungszeit: 1558–1603	Regierungszeit: 1547–1553

Poker hände

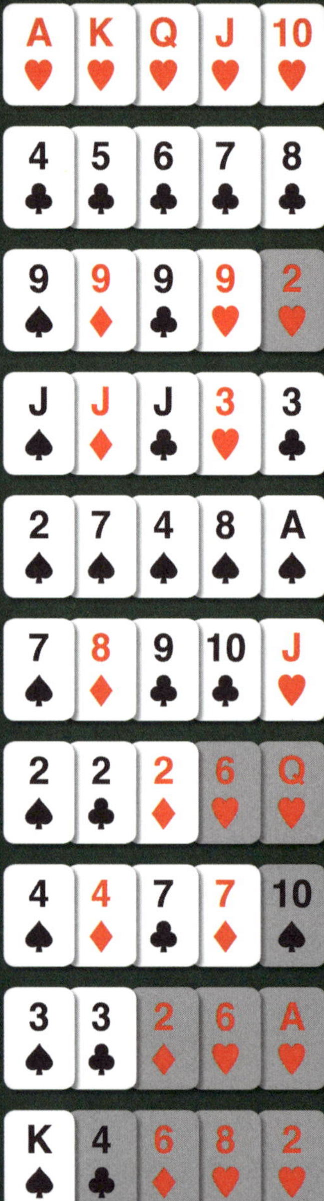

Royal flush
Straße einer Farbe, die mit einem Ass beginnt

Straight flush
Straße einer Farbe

Four of a kind
Vier eines Wertes

Full house
Drilling und Paar

Flush
Fünf einer Farbe

Straight
Straße

Three of a kind
Drilling

Two pair
Zwei Paare

A pair
Paar

High card
Höchste Karte

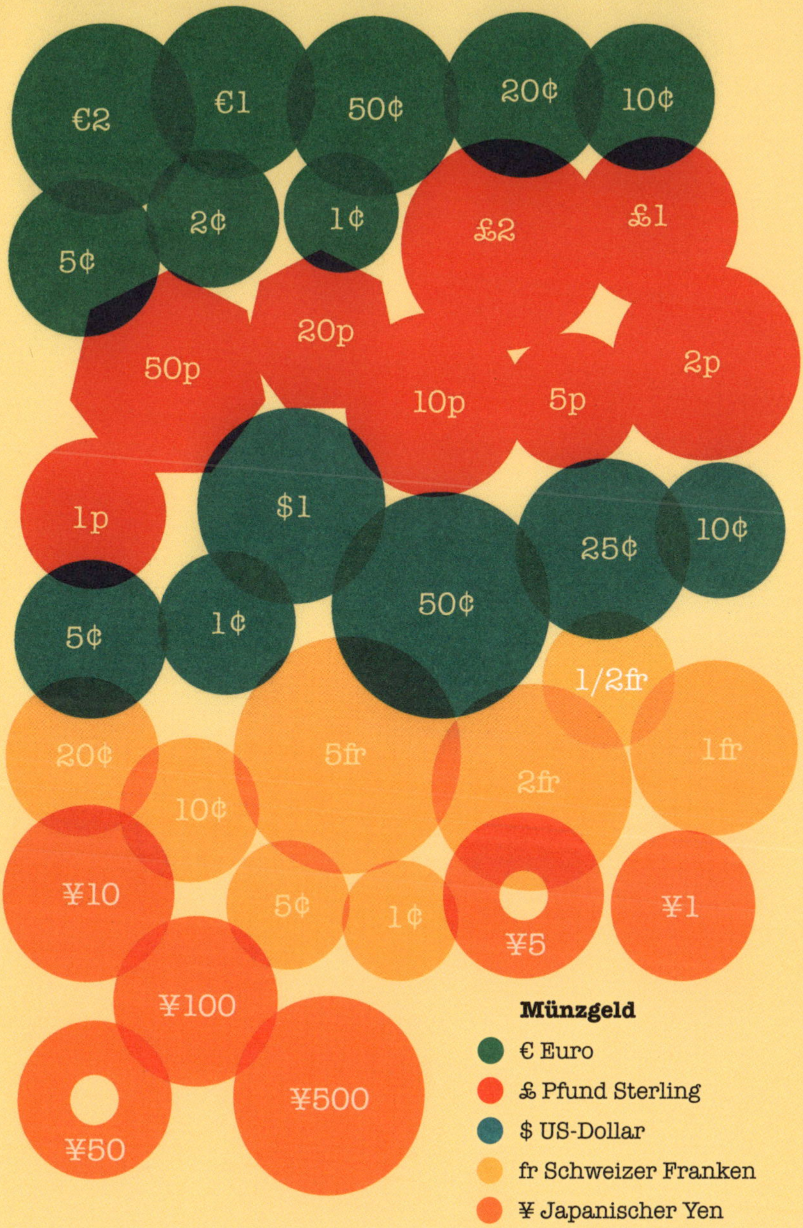

€2
€1
50¢
20¢
10¢
5¢
2¢
1¢
£2
£1
50p
20p
10p
5p
2p
1p
$1
25¢
10¢
5¢
1¢
50¢
1/2fr
5fr
2fr
1fr
20¢
10¢
¥10
5¢
1¢
¥5
¥1
¥100
¥50
¥500
Münzgeld
€ Euro
£ Pfund Sterling
$ US-Dollar
fr Schweizer Franken
¥ Japanischer Yen

Zaubertrick mit Münze

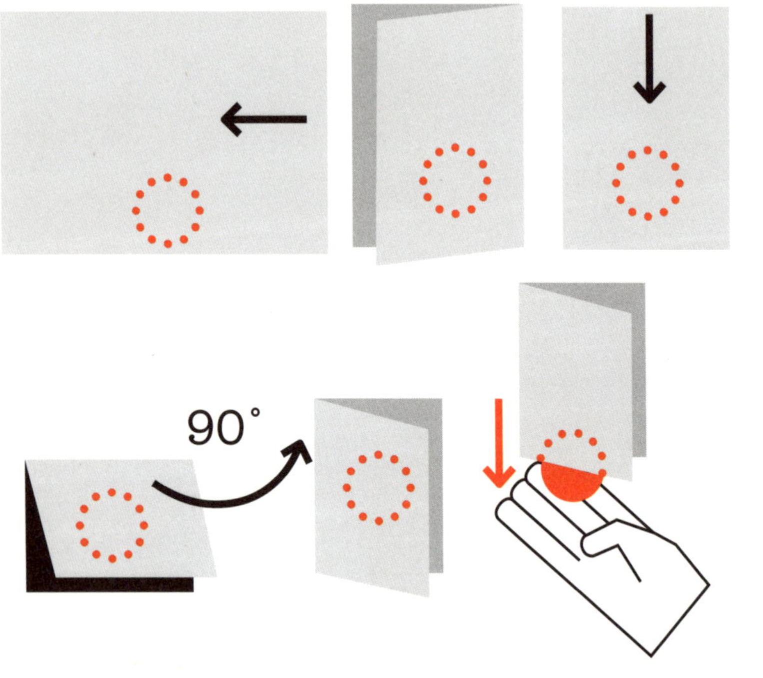

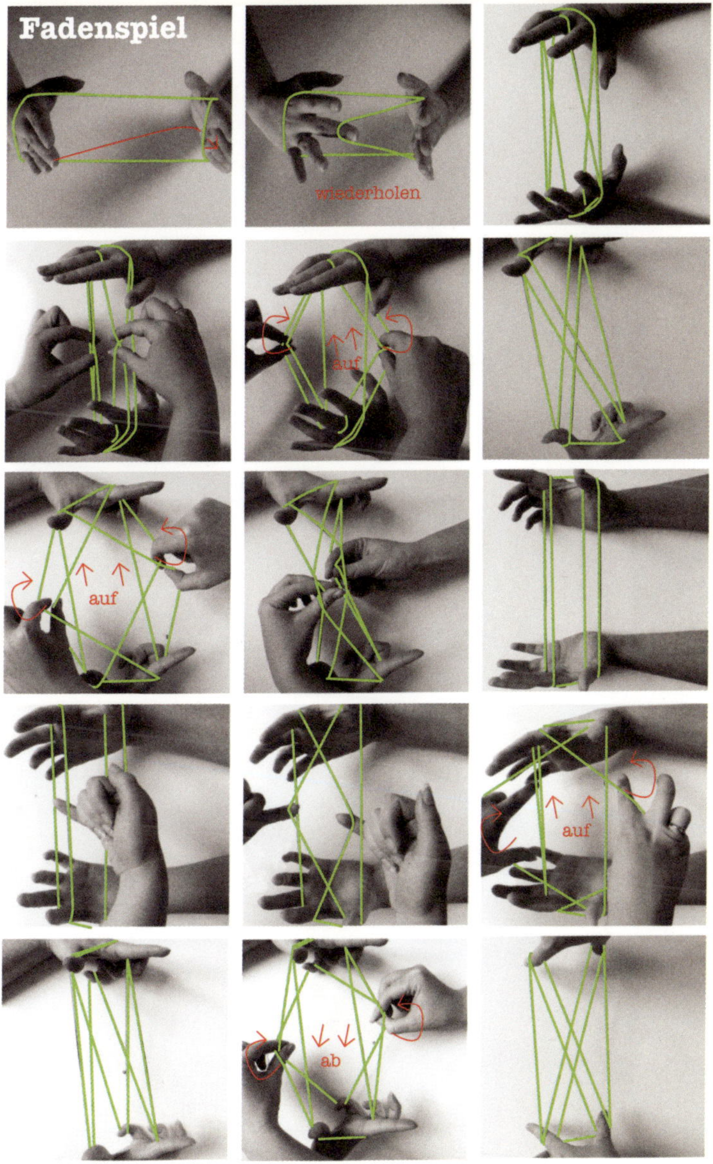
Fadenspiel
wiederholen
auf
auf
auf
ab

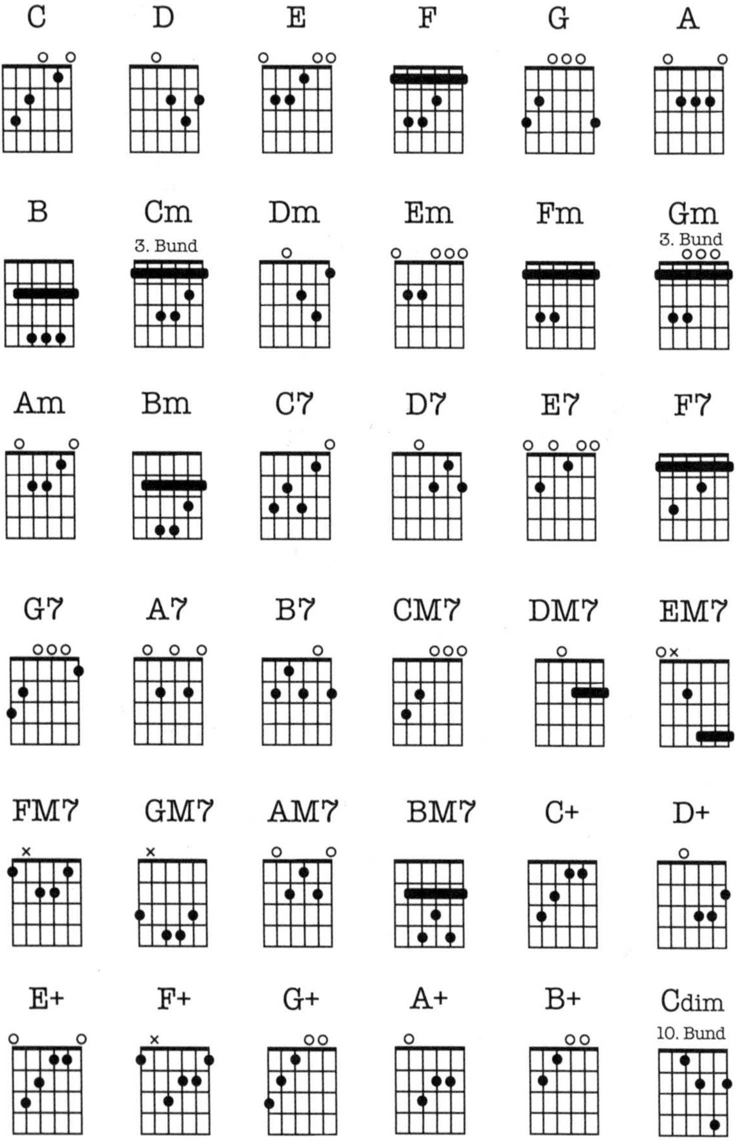
C
D
E
F
G
A
B
Cm
3. Bund
Dm
Em
Fm
Gm
3. Bund
Am
Bm
C7
D7
E7
F7
G7
A7
B7
CM7
DM7
EM7
FM7
GM7
AM7
BM7
C+
D+
E+
F+
G+
A+
B+
Cdim
10. Bund

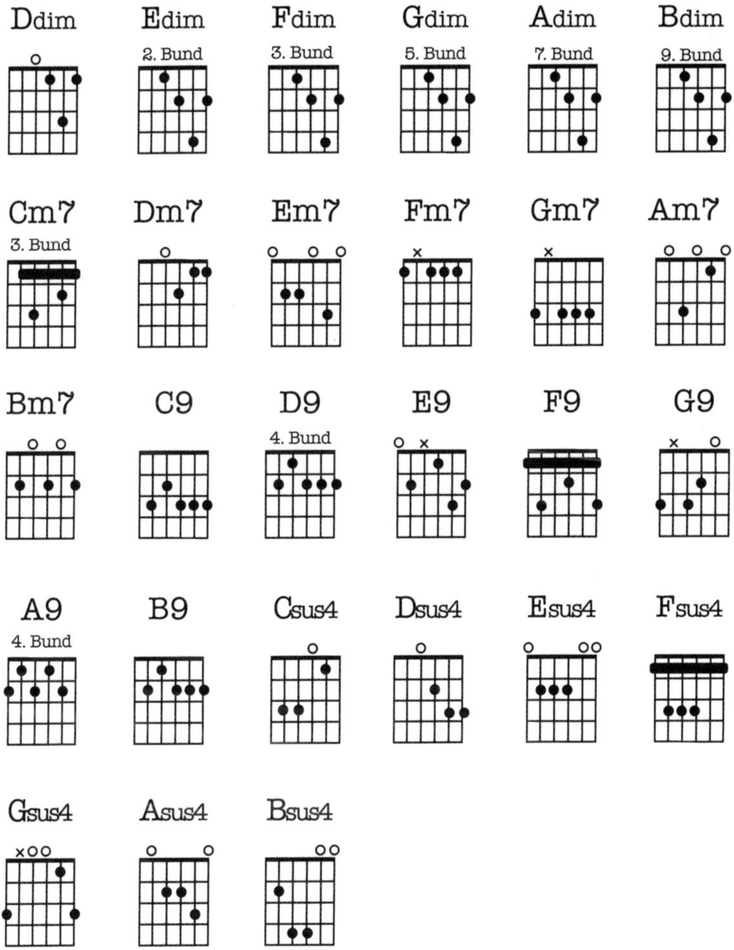

Gitarrenakkorde

Klavierakkorde

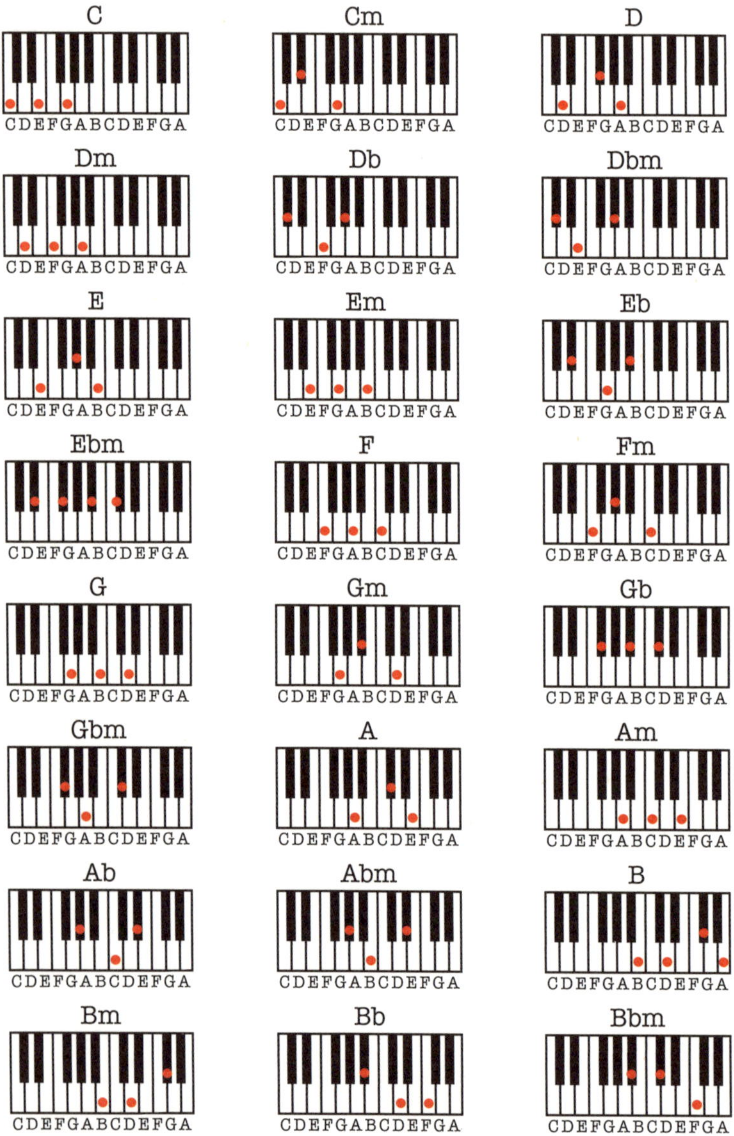

C7

Cm7

D7

Dm7

Db7

Dbm7

E7

Em7

Eb7

Ebm7

F7

Fm7

G7

Gm7

Gb7

Gbm7

A7

Am7

Ab7

Abm7

B7

Bm7

Bb7

Bbm7

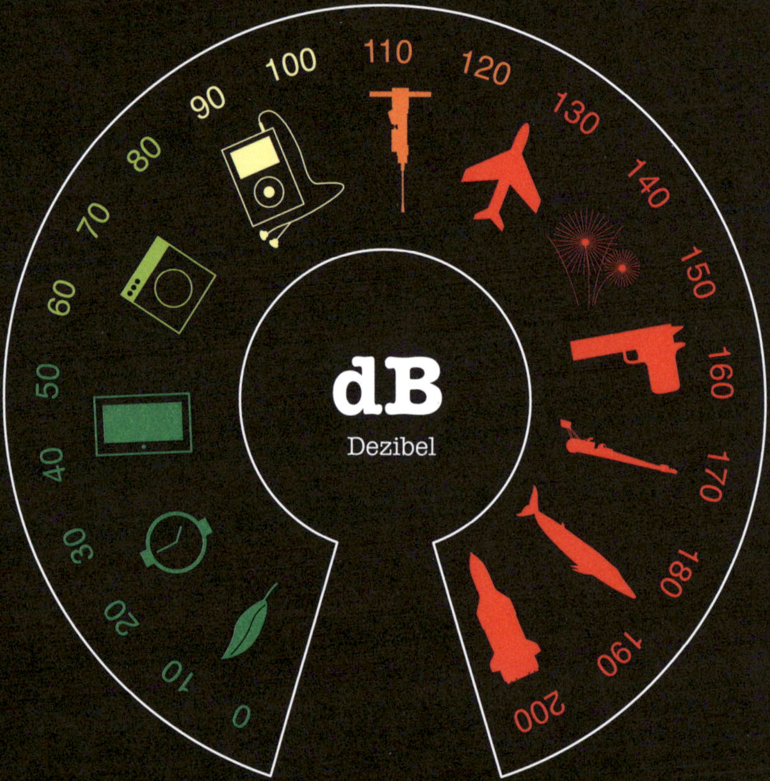
0
10
20
30
40
50
60
70
80
90
100
110
120
130
140
150
160
170
180
190
200
dB
Dezibel

Lärm

Entstehung des Universums

Dank

Bei Draught Associates: Dave Gibson, Michael Lenz, Rachel James, Helen Turner, Matthew Hawkins, Amy Alldred, Eilin Bergum, Emma Harney, Bethany Mclean, Rachel Oriel, Matthew Scott, Rishi Sodha.

Bei Black Dog Publishing: Annabell Power, Christopher McLane, Duncan McCorquodale, Irene Amore, Joshua Baker, Nadine Monem, Nikos Kotsopoulos

Titel der Originalausgabe: *Visual Aid*
Erschienen bei Black Dog Publishing Ldt
London 2008

2. Auflage 2010
Deutsche Erstausgabe

Ein Unternehmen der La Martinière Groupe

Umschlaggestaltung: Leonore Höfer, Knesebeck-Verlag
Herstellung und Produktion:
VerlagsService Dr. Helmut Neuberger &
Karl Schaumann GmbH, Heimstetten
Druck: Print Consult, München
Printed in the European Union

ISBN 978-3-86873-276-4

www.knesebeck-verlag.de